本书受以下项目资助：

- 教育部人文社会科学重点研究基地重大项目"大城市人口增长与社会公共资源的协同研究"（11JJD840016）
- 上海市高校青年教师培养自主计划项目（ZZGCD15057）
- 上海工程技术大学科研启动经费（校启2014-12）
- 上海工程技术大学科技发展基金著作出版专项（2014zc10）
- 上海市人民政府发展研究中心——上海工程技术大学"政府公共决策支持"研究基地项目（2015jczx14）

快速城市化背景下
城市公共服务配置的有效性评价

孟兆敏 吴瑞君 著

中国社会科学出版社

图书在版编目(CIP)数据

快速城市化背景下城市公共服务配置的有效性评价/孟兆敏,吴瑞君著.
—北京:中国社会科学出版社,2016.4
ISBN 978 - 7 - 5161 - 7748 - 8

Ⅰ.①快⋯ Ⅱ.①孟⋯②吴⋯ Ⅲ.①城市—社会服务—评价—研究—中国
Ⅳ.①D669.3

中国版本图书馆 CIP 数据核字(2016)第 045757 号

出 版 人	赵剑英	
责任编辑	赵 丽	
责任校对	石春梅	
责任印制	王 超	

出 版	中国社会科学出版社	
社 址	北京鼓楼西大街甲 158 号	
邮 编	100720	
网 址	http://www.csspw.cn	
发 行 部	010 - 84083685	
门 市 部	010 - 84029450	
经 销	新华书店及其他书店	

印 刷	北京金瀑印刷有限责任公司	
装 订	廊坊市广阳区广增装订厂	
版 次	2016 年 4 月第 1 版	
印 次	2016 年 4 月第 1 次印刷	

开 本	710×1000 1/16	
印 张	12	
插 页	2	
字 数	201 千字	
定 价	45.00 元	

目　　录

第一章　绪论 …………………………………………………………（1）

第一节　问题的提出 ………………………………………………（1）

第二节　城市公共服务的概念及其辨析 …………………………（6）

第三节　研究的框架、内容、方法及特色创新 …………………（13）

第二章　城市公共服务研究的理论基础 ……………………………（18）

第一节　国内外相关研究的总结和评述 …………………………（18）

第二节　相关理论基础 ……………………………………………（31）

本章小结 ……………………………………………………………（35）

第三章　城市公共服务配置有效性的评价方法 ……………………（36）

第一节　城市公共服务配置有效性的评价内容 …………………（37）

第二节　城市公共服务配置有效性的评价目标 …………………（42）

第三节　城市公共服务配置有效性的指标构建与分解 …………（46）

本章小结 ……………………………………………………………（59）

第四章　我国城市人口与公共服务供给现状 ………………………（61）

第一节　我国城市公共服务配置的制度变迁 ……………………（61）

第二节　我国城市人口变动规律 …………………………………（71）

第三节　我国城市公共服务供给的现状特点 ……………………（75）

第四节　人口变动与城市公共服务供给的关系 …………………（81）

本章小结 ……………………………………………………………（83）

第五章　城市公共服务配置有效性评价的实证分析 ……………（85）

　　第一节　城市公共服务有效供给的评价——以医疗、

　　　　　　养老服务为例 ……………………………………（85）

　　第二节　城市公共服务有效分配的实证分析——以上海为例 …（97）

　　第三节　城市公共服务有效利用评价——以上海为例 ………（110）

　　第四节　城市公共服务配置有效性的总体评价 ……………（124）

　　本章小结 ……………………………………………………（127）

第六章　城市公共服务配置非有效性的原因及影响机理 ………（129）

　　第一节　城市公共服务供需的矛盾 …………………………（129）

　　第二节　城市公共服务配置非有效性的影响机理 …………（138）

　　第三节　城市公共服务配置有效性的实现路径 ……………（143）

　　本章小结 ……………………………………………………（148）

第七章　结论及讨论 ……………………………………………（151）

　　第一节　基本结论 ……………………………………………（151）

　　第二节　讨论及理论思考 ……………………………………（153）

　　第三节　本书研究的不足及未来的展望 ……………………（161）

参考文献 …………………………………………………………（163）

附　录 ……………………………………………………………（173）

后　记 ……………………………………………………………（185）

第 一 章

绪 论

第一节 问题的提出

一 研究背景及问题

公共物品作为社会管理改革的产物，最早起源于西方国家，在第二次世界大战以后随着西方社会化、城市化的进程，一方面单一的市场化机制在面对急速社会结构变迁时，显得越发无力。另一方面国家公民社会崛起，对公共物品的需求不断扩大。由此西方国家开始进入公共部门管理改革的时期，对公共物品的供给理论、管理方式重新进行规划和变革，公共物品的相关研究也逐渐进入学者们的视野。公共物品供给和分配既要强调公平又需注重效率，它以解决社会问题、保证公民成员的基本权利为目标，旨在保障居民享受较好的物质生活和服务。由于公共物品的非排他性和非竞争性，导致"市场失灵"，因此政府在公共物品供给和分配的角色中占据了主导地位。换言之，公共物品是国家通过立法、行政等手段，为保障居民的基本权利而进行合理配置和有效供给的。公共物品的合理配置不仅对国家的经济发展起着重要的推动作用，同时也是解决社会问题与保障民生的重要途径。

改革开放以来，我国政府在公共物品提供领域一直扮演主导角色，取得了一些成绩，"要想富先修路""教育是第一生产力"，这些标语不仅体现公共物品对我国经济发展的重要作用，也反映了国家对公共物品供给的高度重视。然而，随着经济的快速发展，城市化的不断加速，人口规模、分布、社会结构出现了较大变动，直接导致公共服务需求的数量及质量发生了较大变化，给城市公共服务的配置提出了更高的要求。

据国家统计局发布，2011年全国人户分离的（居住地与户口登记地所出乡镇街道不一致且离开户口登记地半年以上的）人口为2.71亿，比2010年增加977万人，其中流动人口（人户分离人口中不包括市辖区内人户分离的人口）为2.30亿，比2010年增长828人①，2011年年底我国内地城市化率首次突破50%，达到51.3%，进入城市化加速发展的阶段。② 十八大报告中明确提出推进城镇化的目标，"推进经济结构战略调整必须以改善需求结构、优化产业结构、促进区域协调发展、推进城镇化为重点"。这一决策表明在未来一段时间内，城市化的步伐将持续加速，城市人口大量增加、人口空间分布的变动将成为发展的主流，这将给城市公共服务的配置带来持续的压力。以上海市为例，据全国第六次人口普查显示，上海市常住人口规模突破2300万，外来常住人口增长迅速，人口分布向郊区扩散，人口素质进一步提高。与此同时，人口的变动加剧了公共物品供需的矛盾：如大城市教育、卫生和文体设施等总量不足、供给与需求不匹配。目前我国处在社会转型期，我国公共物品有效分配的体系尚不完善，贫富差异大和分配不均等社会矛盾逐年暴露，公共物品的配置不仅是满足居民的基本物质需求和服务、保障民生，更关乎社会的稳定。

2006年10月《中共中央关于构建社会主义和谐社会若干重大问题》中，明确提出了公共服务体系的概念，并指出2020年构建和谐社会的目标和主要任务，包括"基本公共服务体系更加完备，政府管理和服务水平有较大提高"，我国政府对公共服务体系的建立和完善已经提上日程，并将加快建立和完善全民公共服务体系作为建设"服务型政府"的主要内容之一。公共服务体系包括公共基础设施，教育、科学、文化和体育等公共事业等涵盖市场难以有效提供的公共物品。2008年2月，胡锦涛在政治局第四次集体学习时，进一步解释了公共服务体系构建的三个层次：一是公共服务体系建立在经济发展的基础上，与经济发展的程度相适应；二是基本公共服务均等化目标；三是创新公共服务体制，改进公

① 国家统计局：《2011年中国人口总量及结构变化情况》。（http://politics. people. com. cn/GB/70731/16913213. html？prolongation＝1）

② 中国科学院可持续发展战略研究组：《2012中国新型城市化报告》。（http://finance. people. com. cn/n/2012/1102/c70846－19477425. html）

共服务方式，提高公共服务质量和效益。在党的十七大报告中，也将"注重实现公共服务均等化"作为统筹城乡发展、促进区域协调发展的重要手段。党的十八大中明确重申了我国未来一段时间的发展方向：重点解决民生问题，重点解决人民关注的问题。随着中央政府对完善公共服务体系的重视，各地区也将公共服务的建设纳入建立服务型政府、改善民生的有效途径中来。如上海市在"十一五"规划中明确了积极推进各项社会事业健康发展的目标，在"十二五"规划中，将"保障民生、提升教育、卫生服务质量"纳入社会建设的首要部署。近年来，社会服务体系的建立和完善成了政府，乃至学术界、媒体关注的主旋律。

公共服务体系大热的背后，蕴藏着这样的社会现实：第一，公共物品的供给状况与我国经济发展水平不相适应。根据美国学者罗斯托的理论，随着经济发展水平的不断提升，政府在公共产品方面的支出也会不断增长。一个国家的人均 GDP 由 1000 美元向 3000 美元过渡时期，是该国公共产品需求迅速扩张的时期，国民的教育、医疗、卫生和社会保障等公共产品需要大大增加，可以说这一时期的现代化是以公共产品的供给为基础的。2003 年我国人均 GDP 即达到 1090 美元，突破 1000 美元，我国经济进入一个新的发展阶段，社会消费结构向着发展型、享受型升级，居民对公共物品的需求迅速扩张，与之相矛盾的是公共物品的供给却出现普遍短缺的现象。2005 年国家发改委等对"长三角地区的国际竞争力问题"[①] 的研究发现，作为我国发达地区的长三角地区，在公共卫生健康设施投入占 GDP 比重的排名在参与比较的发展形势相近的 12 个国家地区中倒数第二，与欧洲等发达地区的差距更大；即使是政府十分重视并多次加大投入的教育经费，也远远落后于其他国家。从全国来看，地区投入不均、结构性矛盾更加突出，加剧了公共物品投入结构性不均的矛盾。在我国，公共物品普遍短缺已经取代了私人物品的短缺成为主要矛盾之一。

第二，公共物品的供给与人口空间分布、人口社会构成不匹配。由于公共物品的需求方是全体公民，因此公共物品的供给需要把握人口的分布及状况，并根据人口变动状况进行及时调整。近年来，在工业化、

---

① 刑国钧：《中国准公共物品的短缺与治理》，《新青年权衡》2007 年第 5 期。

现代化的带动下，大城市人口城市化与郊区化并存导致了人口空间分布的急剧变动，2010 年外来人口涌入导致上海市常住人口规模不断膨胀，人口向郊区化的过程进一步加剧，而教育和医疗等公共资源，尤其是优质资源的分布多集中于中心城区，如 2009 年上海市静安区公共卫生资源中常住人口、户籍人口千人医生数量、床位数量均高于核心区的平均水平，而普陀区、闵行区该指标均未达到边缘区的平均水准①。一方面公共物品的配置未能及时按人口的变动进行调整，给人们的生活带来不便；另一方面人口的郊区化也给公共资源配置原本薄弱的郊区带来不小的冲击。

第三，公共物品的供给与人民的需求存在差异。公共物品的供给不仅仅以均等化为原则，而且还要讲究效率，切实了解公民对公共服务的需求则是提高公共服务有效分配的前提。据 2009 年嘉定区人口与社会事业配置调查显示，户籍人口在对教育、医疗等设施满意度高于外来人口，反映了城市公共服务对外来人员配置上的不足，同时户籍人口和外来人口对社会事业的需求有所差异，本地人对医疗卫生、养老和教育资源的需求较大；外来人员的前三位需求分别是娱乐及文化设施、体育场馆设施和教育设施②。不同类型、不同层次的人群对公共物品的需求不同，只有以人对公共服务的需求为导向，公共资源的配置才能合理有效，避免浪费。

第四，政府公共服务供给机制有待创新。新中国成立以后，在公共物品和私人物品领域，都是由政府统一配置供给，改革开放以来，随着市场经济改革的深入，在公共物品领域虽然沿袭了政府主导的局面，但市场化也深入公共物品的各个领域。近年来，随着经济的发展、生活水平的提高，扩大公共资源供给面、提高公共资源供给水平的呼声越来越高，这就要求政府的投入不断增长，从而给政府财政造成越来越重的负担，在这种背景下，在哪些方面需要引入市场机制，哪些方面需要政府主导？一种新的公共资源供给的机制亟待创新。

本书在相关研究的基础上，结合经济学、地理学和人口学等各学科

---

① 根据 2008 年上海市统计年鉴数据计算所得。
② 华东师范大学、嘉定区计划生育委员会：《嘉定区人口与社会事业配置调查》，2009 年。

的方法，分析城市公共服务配置的有效性，揭示城市公共服务供给存在的问题并挖掘其深层原因，最后尝试探究公共服务配置的有效路径。

二　研究的意义

从国内外学者的研究来看，对公共物品的研究领域多集中在公共管理学、公共经济学和空间地理学，研究内容多集中在公共服务中政府的角色、公共物品供给的经济学原理以及空间可达性的探讨，虽然不乏对城市公共服务配置的评价，但结合人口因素，综合系统地对公共物品配置有效性的评价尚不足，因此本书尝试从人口学视角探讨公共资源配置的有效性问题，追根溯源，寻求现阶段我国在公共资源配置方面存在的问题，同时对已有的理论进行验证和扩充，也试图对政府有效分配公共资源提出可借鉴的建议。

1. 全面系统地对城市公共服务配置的有效性进行评价，把握城市公共服务配置的现状。本书结合城市公共服务供给的过程，从供给数量、空间分配、种类匹配三个方面去判断城市公共服务配置是否有效，可以系统全面地把握城市公共服务的配置现状，了解城市公共服务配置过程中各环节存在的突出矛盾，找出供给双方各自存在哪些问题，为深入揭示城市公共服务供需矛盾的机制提供实证基础。

2. 从人口学视角对城市公共服务配置有效性的评价，有助于促进人口与城市公共服务配置的协调发展。公共服务的对象是人，研究公共服务的有效性离不开人口因素，但从以往的研究来看，虽然有围绕"人"展开的研究，但却并未将人口因素作为线索去研究人口对公共服务配置有效性的影响及作用。未来我国城市化的进程将持续加速，在这个过程中，人口的规模、分布、结构将会持续变动，因此在快速城市化背景下，从人口学视角对城市公共服务配置的有效性进行评价，充分考虑了在城市化过程中人口变动对城市公共服务的影响，符合城市发展的规律，为人口与城市公共服务配置的协调发展提供理论依据。

3. 有效结合各学科的理论及方法对城市公共服务配置有效性进行评价，可以丰富城市公共服务配置有效性研究的理论领域。学术界对城市公共服务配置有效性的研究收获颇丰，涉及各学科、各领域，本书的研究将结合各个学科的理论知识及研究方法，综合判断城市公共服务配置的有效性，尝试集众家之所长，探讨国内外已有理论对我国城市公共服务配置有效性判断是否适应，并且试图对城市公共服务配置有效性的理论进行延展扩充，对丰富理论研究领域产生积极作用。

4. 通过对城市公共服务有效性的判断可以深入分析公共服务配置的机制及制度创新，为政府进行公共服务配置提供可借鉴的建议。一直以来，民生问题都是社会各界关注的热点，民生问题的解决也是国家向高效、廉洁的服务型政府转变的衡量标准，公共服务配置的合理有效是当前社会亟待解决的重要民生问题之一，为揭示公共服务供需矛盾提供基础，为以人为本、解决民生问题和建设服务型政府提供理论依据。同时在实证研究的基础上，本书将分析城市公共服务配置非有效性的机制，并试图找出公共服务配置有效性的路径，为政府决策提供可以借鉴的建议，具有现实意义。

第二节　城市公共服务的概念及其辨析

一　公共物品的含义

有这样一些物品，如水果、衣物，以及火车上的座位等，他们是在普通市场上用于交换的常见物品，称为"私人物品"；私人物品具有两个特点：一是排他性，只有对商品支付价格的人才能够使用该商品；二是竞争性，如果某人已经拥有了某个商品，那么其他人就不可以再使用了。在现实中，还存在另一种具有与之相反特点的物品，既不具有排他性又不具有竞争性，即公共物品①。

布坎南认为，根据传统的定义，纯公共物品或服务是指相关群体的全体成员可同等获得的那些物品或服务，但此定义具有高度限定性，严格来说，并没有哪种物品或服务在真正意义上符合这种极端的定义②，因此他引入了混合物品的概念，此种产品介于纯公共物品与私人物品之间，即所谓的准公共物品。

---

① 教育部高教司组编：《西方经济学（微观部分）》（第四版），中国人民大学出版社2007年版，第135页。

② 詹姆斯·M. 布坎南：《公共物品的需求与供给》，马珺译，上海人民出版社2009年版，第57页。

此后，奥斯特罗姆进一步将准公共物品分为两类，一类具有排他性，但不具有竞争性的产品，比如，高速公路、海滩，成为俱乐部产品；另一类虽不具有排他性，但具有竞争性的物品称为"公共资源"，如海鱼，捕捞海鱼不必支付费用，但是当某人捕捞到，其他人捕捞的数量就变少了，也成为公共池塘物品①。

严格来说，俱乐部产品和公共池塘物品都不属于纯公共物品的概念，但是学者们普遍把公共物品的概念拓展成为一个包含俱乐部产品和公共池塘产品等准公共物品的广义概念，公共物品作为私人物品的对立面出现，所以公共物品的研究实际上是对非私人物品的研究②，确切地说，对公共物品的研究主要是对混合物品的研究。

二 相关概念的辨析

在研究中，许多学者对公共物品的特点虽有统一论述，但是使用的名称略有不同，如公共资源、公共设施、公共服务等，虽然从某种意义上来说几种概念所包含的内容具有一致性，但是仔细分析也存在不同点，尤其是在不同学科的运用中存在不同。

1. 公共物品与公共资源

所谓物品是指物件、东西，资源的基本定义是指可利用的自然物质，是创造人类社会财富的源泉。从两者的基本定义来看，资源要比物品具有可利用的价值，且要有一定的规模，如借用英文中的用法，资源应当是不可数名词，而物品是可数名词。公共物品与公共资源两者也有差异，经济学中，公共物品是指既不具有排他性，也不具有竞争性的物品；公共资源则是不具排他性，具有竞争性的物品，是公共物品的一部分，也即上面提到的公共池塘物品。

2. 公共设施与公共服务

在实际研究中，尤其是国外学者的研究中，常常使用公共服务（public service）和公共设施（public facilities）两个概念。公共服务是产生于 21 世

---

① 埃莉诺·奥斯特罗姆：《公共事务的治理之道——集体行动制度的演进》，余逊达、陈旭东译，上海三联书店 2000 年版，第 201 页。

② 沈满洪、谢慧明：《公共物品问题及其解决思路——公共物品理论文献综述》，《浙江大学学报》（人文社会科学版）2009 年第 10 期。

纪公共行政和政府改革的理念，政府为民众提供公共设施建设，发展教育、文化、卫生和体育等事业，强调公民的权利和政府的服务性，比如，政府提供的教育、执法、监督和税收等。公共设施的提供主体也是政府，是公共服务依托的硬件设备，比如，医院、学校等。涉及政府供给方式、供给来源等公共管理学的研究，常使用公共服务的概念；涉及地理空间可达性、规划研究等地理科学、城市规划方面的研究时，多采用公共设施的概念。

严格来说，服务强调无形，物品和设施均强调有形，但在实际应用中，学者们往往将二者与公共物品混用，甚至使用公共服务设施的概念。

3. 社区公共服务设施与城市公共服务

在地理学的研究中，由公共服务设施引出了社区公共服务设施的概念。显而易见，社区公共服务设施以社区为主要考察单位，用于居住区服务设施的规划及研究。根据居民的需求及习惯，分为生活服务设施（超市、菜场等）、市政设施（供电供水供气、道路交通、银行等）、公共服务设施（社区组织办公用房、再就业培训中心、医疗卫生服务站、养老院、公共活动场所等）[1]。

城市公共服务概念（urban public service）的提出是为了区别于农村公共服务的概念。比如城市公共服务设施包括交通、给排水、垃圾处理、警察保安、图书馆、医疗保健、城市绿地和休闲娱乐等设施[2]。农村公共服务主要是指为农村发展、农业生产、农民生活提供的公共物品，包括水利灌溉设施、电力交通、生态环境、养老医疗保障、文化体育设施等。由于公共服务在内容、水平上的城乡差异，导致了二者研究对象的不同[3]。

从上述定义来看，社区公共服务设施与城市公共服务概念的相同点是：二者均是城市公共物品的范畴，与农村公共物品相对；二者除了具有设施与服务的差异外，还具有一些其他的不同，社区公共服务的服务

---

① 陈伟东、张大维：《中国城市社区公共服务设施配置现状与规划》，《人文地理》2007年第5期。

② Lineberry. R. L, Welch R. E. , "Who Gets What: Measuring the Distribution of Urban Public Services", *Social Science Quarterly*, Vol. 54, 1974.

③ 李霞等：《农村公共服务需求特征研究——基于新疆北疆地区的典型性调查》，《山东农业科学》2010年第7期。

范围更强调社区，而城市公共服务则不拘泥在社区，比如，医疗资源中，社区卫生中心属于社区的范畴，一级医院、二级医院等市级医院则属于城市公共服务的范畴。

4. 公共事业

除了公共服务、公共设施、公共物品概念的使用以外，公共事业也经常被学者们使用，公共事业是指政府生产或提供的，供城市居民集体消费或使用的具有不同程度的非竞争性和非排他性混合商品的产业总称，兼具私人商品与公共商品两种经济属性的混合商品[①]。从该定义中可以看出，公共事业是生产准公共物品的产业，是负责和维持公共服务基础设施的公司，处在自然垄断之下，一般是由政府控制，即使是私营企业也是被行政法规所监管的，包括电力、供水、废物处理、污水处理与燃气供给。

在研究中，几种概念常出现混用的情况，但仔细分析，几种概念还是略有差异，比如说，义务教育是由政府提供的，则学校是公共设施，教师提供的服务及相关的教育评估、监督体系都是由政府提供的公共服务，公共服务和公共设施都是公共物品中的一类，区别于海鱼等不是由政府提供的自然资源。由于本研究定位在城市中，却又并不局限在社区的范畴，且本书实证研究的最终目的是为了能有益于政府完善公共服务体系，因此本书沿用城市公共服务的概念。

三　城市公共服务的分类

国内学者对城市公共服务的分类，并没有统一的论述，而是根据研究的内容、目的提出了不同的分类方式。

根据服务目的分类，包括政治性公共服务、经济性公共服务、社会性公共服务。政治性公共服务是指实现城市政治统一的公共服务，如治安、司法等。经济性公共服务是指政府为经济发展提供的服务，包括基础设施等。社会性公共服务是指与居民精神生活密切相关的产品，包括教育、科普、社会保障等[②]。

---

① 卢洪友等：《中国城市公共事业经济管制机制研究》，经济管理出版社 2007 年版，第56 页。

② 张海丽：《城市公共产品有效供给的偏好显示机制研究》，西北大学，2008 年，第21 页。

　　根据服务的职责分类，包括全国性公共服务、地方性公共服务，比如，国防、外交是由中央政府统一调配的，属于全国性公共服务；教育中的高等教育，是全国性公共服务，中等教育和义务教育属于地方性公共服务。这样的分类方法可以比较明确地了解公共服务是由哪一级政府提供的，但同时它将同一种公共服务进行了拆分①。

　　根据提供产品的形式分类，包括为家庭和社区提供的无形服务，如安全巡逻、消防设施；依托服务设施提供的服务，如医院、图书馆等②。

　　根据服务水平分类，包括基本公共服务和非基本公共服务。首先要确定基本公共服务的范畴，除此以外则是非基本公共服务。目前，对基本公共服务的研究是我国学者最为关注的一个议题，对基本公共服务概念的定义存在不同的意见。基本公共服务是指为维持国家经济社会稳定、保护个人基本生存权和发展权所必须的公共服务③。在一定社会经济发展阶段，基本公共服务所需覆盖的最小范围包括公共卫生、基本医疗、义务教育、社会救济、就业服务与养老保险④。从消费者需求的层次来看，公共服务包括四大领域：一是底线生存服务，包括就业服务、社会保障、社会福利和社会救助，主要目标是保障公民的生存权；二是公众发展服务，包括义务教育、公共卫生和基本医疗、公共文化体育，主要目标是保障公民的发展权；三是基本环境服务，包括居住服务、公共交通、公共通信、公用设施和环境保护，主要目标是保障公民起码的日常生活和自由；四是基本安全服务，包括公共安全、消费安全、国防安全等领域，主要目标是保障公民的生命财产安全⑤。

四　本书的研究对象及层次划分

　　学者们对公共服务的分类并没有统一的层次，从现阶段我国的经济

---

　　① 沈荣华：《各级政府公共服务职责划分的指导原则和改革方向》，《中国行政管理》2007年第1期。

　　② 高军波等：《西方国家城市公共服务设施供给理论及研究进展》，《世界地理研究》2009年第4期。

　　③ 陈昌盛：《中国政府公共服务：体制变迁与地区综合评价》，中国社会科学出版社2007年版，第67页。

　　④ 丁元竹：《基本公共服务如何均等化》，《瞭望新闻周刊》2007年第22期。

　　⑤ 陈海威：《中国基本公共服务体系研究》，《科学社会主义》2007年第3期。

水平来看，人民对公共服务的需求由基本需求向发展型需求转变，在这个过程中，人们对教育、医疗、卫生、文化体育等保障人民发展权的需求水平不断提高，同时，随着我国老龄化的加速，养老设施及相关服务的配置也愈加成为社会最为关心的问题。因此，本书将城市公共服务的研究限定在公共服务中旨在保障居民发展权的范围内，包括基础教育、医疗资源、公共文体以及养老资源在内的四种公共服务，之所以如此选取，原因有三：一是这四种公共服务是当下居民迫切需求的；二是这四种资源主要面向本区域配置，不仅包括服务的投入还包含相应的设施分布，与人口分布结合紧密；三是近些年本人参与较多相关的课题，积累较为丰富的数据和调研资料。其中基础教育包括幼儿园、义务教育资源及高中教育；医疗服务指医疗资源的设施投入及人员投入；养老资源指养老机构的投入；文化体育资源包括公共文化和公共体育资源。

根据城市公共服务针对的对象、服务的半径及服务的水平，本书将研究的教育、医疗、文化体育、养老资源划分为几个层次：

首先，不同的公共服务针对不同的服务对象，根据社会福利品的分配原则，公共物品分为普遍性与选择性产品，普遍性产品即面向全体人口和家庭，同时以全体人口为参照；绝大多数社会福利项目都是选择性的，而选择性分配又分为基于社会人口属性、基于社会经济贡献资格条件及基于专业诊断的资格条件①。那么从公共物品面对的群体显然可以划分为，面向全体人口的，如医疗服务、文化体育等；面向部分群体，有选择性的，即基于社会人口属性来分配的，如义务教育、养老服务等。

其次，根据服务的范围来分，在城市区划中，公共服务根据职能和地域范围划分为四个层次：区域级，依托区域重大交通枢纽的服务辐射区域；城市级，依托城市发展的范围；社区级，承担一定独立的城市综合职能，服务半径因具体社区规模不同而不同；规划街区级，从设施均衡布局和内部服务自足性的角度出发，界定以半径约 1000 米范围为标准规模，配建较完善的能满足单元内部居民物质与文化生活需要的公共服

---

① 黄晨熹：《社会政策》，华东理工大学出版社 2008 年版，第 6 页。

务设施，使各种功能活动实现比较均衡的混合①。在城市公共服务中，市级医院、市级文化体育场所属于城市级公共服务；社区医院、卫生所、社区文化健身设施、养老院及义务教育属于社区级。

再次，根据服务的水平来看，同一种公共服务在软硬件的配置上有所不同，比如，高中的重点学校，师资力量高于普通高中；医疗卫生资源中的市级医院，医疗水平设施比社区卫生中心优越。基于此种原因本书将一些具有优势的、软硬件设施较好的资源定义为优质资源，其中重点学校定义为优质教育资源，市级医院定义为优质医疗资源；文化体育虽然也包括市级图书馆、市级体育场，与社区级别的小区健身器材、文化活动中心相比，硬件和软件设施都相对较好，但是由于并不涉及居民关注的重点民生问题，与优质教育、医疗资源相比引起的社会问题较小，因此并不区分优质资源与普通资源的差别；养老资源也是如此，由于养老资源是近几年政府开始配置的，大都以社区为单位，相对来说也并不存在强烈的优质与普通资源的差异。

最后，根据服务的层次来看，本书研究的公共服务不仅包括基本公共服务，也包括非基本公共服务。基本公共服务有义务教育、社区卫生中心、公共文化体育，在当前国情下，这些公共服务是保障居民最基本权利的服务，主要由国家负担供给，面向全体服务人员，有全覆盖的要求；非基本公共服务包括幼儿园、高中、医院与养老院，并不面向全体服务对象，政府部分承担供给的责任。

五　城市公共服务的特点

按布坎南的分类，本书研究的城市公共服务属于混合物品，可以说既具有公共物品的性质又具有私人物品的性质，同时也具有区别于农村公共服务的特点：

1. 拥挤性。公共物品具有非竞争性的特点，但混合物品消费中，存在一个"拥挤点"。即当消费者的数目增加到该拥挤点之前，每增加一个消费者的边际成本是零；而达到该点之后，每增加一个消费者的边际成

---

① 周志清：《城郊结合区域公共服务设施配置的理论思考》，《上海城市规划》2008年第2期。

本开始上升；当达到容量的最大限制时，增加额外消费者的边际成本趋于无穷大。

2. 主体有限。公共物品具有非排他性的特点，但准公共物品可以有成本地排他，消费者能够且愿意支付一定的费用以享用一定程度排他的物品，也即部分准公共物品的消费主体是有限的。

3. 外部性。延续了公共物品外部性的特点，即一定城市公共服务的供给会产生一定的外部效应，比如，教育素质的提高，对公共服务的接受者和社会经济的发展都产生积极的外部效应。

4. 社会服务性。城市公共物品中的教育、文化、卫生和体育等具有社会消费性的特点，是为了社会发展服务，保障居民发展权的。该特点主要是区别于部分具有生产性的农村公共服务，如农田的建设、病虫害的防治等；以及区别于用于基础建设的公共服务投入，如城市交通等。

第三节　研究的框架、内容、方法及特色创新

一　研究问题

本书以城市公共服务中的基础教育、医疗资源、养老资源与公共文化体育资源为研究对象构建城市公共服务配置有效性的评价框架，分析我国目前城市公共服务存在的问题及产生的原因，并提出配置有效性的路径分析。主要回答了以下问题：

1. 我国城市公共服务的现状如何，政策变迁的历史是怎样的？

2. 什么是城市公共服务配置的有效性？如何评价城市公共服务配置的有效性？

3. 城市公共服务供需存在的问题是什么？造成"无效"的原因是什么？

4. 城市公共服务配置有效的路径是怎样的？

二　总体思路

本书在借助国内外研究文献及理论的基础上，首先提出城市公共服务配置有效性的理论探讨，从有效供给、有效分配与有效利用三个方面探讨城市公共服务配置有效性的研究路径，并结合相关理论探究三个部

分的指标及方法。其次在理论的指导下，对上海、大连、苏州市公共服务有效性进行判断；最后在理论与实证的基础上，总结城市公共服务供需存在的问题，并挖掘深层原因，提出配置有效性的对策建议。具体研究框架见图1-1：

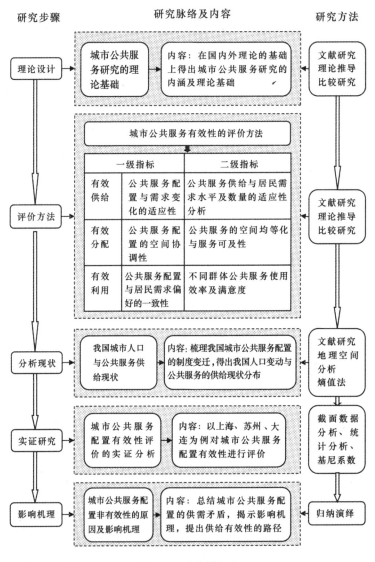

图1-1 论文的框架

三 研究内容

全书主要分为三个部分，共七章。

第一部分为理论研究，包括研究设计和研究的理论基础，分为两章。第一章为绪论，首先从理论和现实两个部分阐述城市公共服务配置有效性的判断，并结合他人的研究引出本书城市公共服务的概念和层次、总体思路及研究方法等。第二章为城市公共服务研究的理论基础，总结国内外相关公共服务研究的文献，并对相关理论予以评价，在此基础上提出本书的理论基础。

第二部分即文章的主体，包括：第三章评价方法，通过理论的分析及已有的研究，得出城市公共服务配置有效性的评价体系。第四章我国城市人口与公共服务供给现状。首先梳理我国城市公共服务政策发展的历程，把握政策发展的脉络及现状；其次对我国人口变动的特点进行分析，把握人口的现状；最后通过城市公共服务评价体系的建立判断我国262个地级以上城市公共服务的现状及分布特点。第五章城市公共服务配置有效性评价的实证分析，以上海、大连、苏州为代表，根据已建立的评价体系，分别从有效供给、有效分配与有效利用三个方面分析公共服务配置的有效性。首先对有效供给的评价，即判断城市公共服务的供给是否随着经济的增长和居民的需求不断增长；其次有效分配的评价，从空间角度分析城市公共服务设施的配置是否与居民分布相一致；最后对有效利用的评价，从微观角度，借助问卷调查数据，分析城市公共服务的供给是否达到居民的满意。

第三部分机制研究及结论，包括：第六章为城市公共服务配置非有效性的原因及影响机理，根据实证的分析总结城市公共服务供需存在的矛盾，挖掘阻碍城市公共服务配置有效性的深层原因，提出公共服务配置有效性的路径。第七章为结论及讨论，一是对本书的研究进行总结，提出本书的研究不足及展望；二是对本书研究的理论思考。

四 研究方法

本书采用调查研究、文献研究和实地研究相结合的方法。在梳理国内外研究文献的基础上，利用人口统计年鉴、人口普查数据，社会事业状况的调查问卷作为数据基础，并且对个别地区进行了实地调研。

1. 样本的选取

本书以上海市、大连市、苏州市作为研究对象，原因有二：一是这三个城市属于沿海发达地区，城市经济发展水平较高，人口大量导入，对公共服务的需求水平较高，人口与公共服务之间的矛盾较为突出，极具代表性；二是由于本人参加了三个城市的相关社会事业与公共服务的课题，收集了大量问卷资料，为本书的研究提供了充足的数据支撑。

2. 数据分析方法

在数据的分析上，本书采用了大量社会学、地理学与经济学等领域的研究方法，综合运用。第一，对公共服务有效供给的判断，采用面板数据分析方法动态监测城市公共服务供给水平的发展状况是否与居民需求相一致；第二，采用 GIS 的分析方法，立体展现我国人口与城市公共服务供给水平的现状；第三，在权重赋值中采用熵值方法，客观地评价各个指标对总体公共服务水平的贡献；第四，在公共服务设施的空间分布中，采用基尼系数的测量方法衡量公共服务与人口分布之间的匹配性；第五，在微观分析公共服务满意度中，采用 Spss 多元回归的方法分析公共服务需求及满意度问卷。

3. 收集数据的方法

本书对公共服务的微观评价中，采用问卷调查与调查座谈相结合的方法，收集居民对公共服务的需求偏好。在进行调查问卷收集的时候，采用分层及等距抽样的方法，在城市抽取区县，在区县抽取街道，在街道抽取居委，在居委以各家庭名册为样本框，等距抽样被调查者。在进行调查访谈的时候，由于人口变动的特点不同，不同类型的区域公共服务供需的矛盾不一致，因此以人口导入、导出将区域划分为不同类型，选取较具代表性的人口导入区、人口导出区进行座谈调研。同时不仅对居民，也对相关部门的负责人进行座谈，以掌握公共服务供给方面的现状及问题。

在对公共服务的宏观评价中，主要以各区域的统计年鉴、人口普查、各区域经济与社会发展公报等年鉴数据为依据，分析公共服务供给的现状。

五　研究特色

本书在多学科理论的指导下，结合多种研究方法，对城市公共服务配置有效性进行评价，研究的主要特色创新之处有以下三点：

第一，研究过程较系统、全面。在已有的研究理论指导下，根据公共服务配置的过程，构建了三层评价体系，首先，论述了有效供给、有效分配、有效利用三个层次符合政治经济学中社会产品供给的过程，遵循福利经济学中资源配置公平性、效率性的原则，契合公共管理学发展的方向，与我国现阶段提出的构建公共服务体系的层次相一致。其次，从这三个层次分别对公共服务配置的有效性进行评价。最后，综合三个方面的结果，对公共服务配置的整个过程进行全面、系统地评价，通过熵值法，找出影响城市公共服务配置的主要薄弱环节及供需存在的矛盾。

第二，研究视角较独特。以往学者对公共服务的研究采用了公共管理学、福利经济学等视角，各具特色。本书是在结合我国快速城市化的背景下提出的，在人口城市化的过程中，人口规模、分布、社会结构发生了较大变动，这些因素直接决定了公共服务需求方的变化，给公共服务的配置带来较大压力。本书从人口学视角出发，突出人口因素在公共服务配置有效性中的作用，在公共服务配置有效性的评价中，充分考虑人口因素的重要性，并探讨了人口对公共服务配置的影响。

第三，结合主观、客观的评价方法。以往研究中不乏对城市公共服务有效性的评价，或采用主观指标，或采用微观指标。客观指标具有客观、稳定、易测量的特点；主观指标可以从人的角度出发，探究居民对社会发展的看法，可以弥补客观指标中的不足，但同时具有主观随意性、易变性与不可对比性等缺陷。本书将主客观指标结合，既有通过年鉴数据对客观指标的测量，也有通过问卷调查对主观满意度的计算；既尊重了公共服务供给的客观事实，又考虑了居民对公共服务的看法，将两个方面的因素综合考虑对公共服务配置的有效性进行评价。

第 二 章

城市公共服务研究的理论基础

自从公共物品的概念提出以来，如何有效地供给公共服务一直都是公共物品研究的中心议题，也是政府最为关注的问题。无论是从财政经济学、公共管理学，还是其他学科的研究，基于何种视角，侧重于哪个方面，研究的目的都是希望找出公共服务更有效供给的途径和方法，提高公共物品供给的有效性。从研究的对象和方法来看，笔者对国外关于公共服务的研究梳理出这样几个脉络：一是对公共服务的供需合理性研究，包括对供给方式及居民偏好的显示研究；二是对公共服务效果的研究，包括对公共服务可达性、均等化、满意度的研究。

第一节 国内外相关研究的总结和评述

一 公共服务的供给方式

公共服务供给方式的研究经历了较长的时间，大致经过了由政府单独供给、联合供给和多元供给几种方式。

1. 政府单独供给

1954 年萨缪尔森在《公共支出理论》中提出了集体消费物品的概念，这是公共物品的前身，此后 1955 年的《图解公共支出理论》正式提出了"公共物品"的概念，他认为公共服务具有非竞争性、非排他性的属性，也正是这个属性，导致由市场作用无法达到公共物品的帕累托最优，造成了市场作用的失灵，于是公共物品的供给须由政府承担①，萨缪尔森对公共物品的阐述成为政府单独供给公共物品的理论支撑。第二次世界大战以后，西方各个国家百废待兴，迫于当时的经济与社会环境，西方各国普遍建立了福利社会，公共物品的供给统一由政府承担。

2. 联合供给理论

20世纪70年代以后，西方国家纷纷陷入了经济危机，福利国家纷纷陷入困局，无法承担日益扩大的居民公共服务消费，发达资本主义国家政府纷纷寻求政府管理的改革，在供给方式上由政府单一的供给方式向联合供给方式转变，联合供给方式可分为两种：

一是可以将市场机制引入公共服务的供给领域，政府通过授权、撤资、置换的方式，促使民营部分进入公共服务领域②。在政府权威危机、财政危机、管理危机的共同作用下，新自由主义思潮兴起，新公共管理理论取代传统的行政管理理论应运而生。新公共管理思想主张引入市场化的竞争与激励机制，在策略上包括引入市场——放开公共服务领域的市场准入，将其他组织引入公共服务领域，使组织面临市场竞争；创造市场——在市场不成熟的地方创造条件，培养公共组织的竞争者；模拟市场——在一些不能由市场组织来发挥作用的领域，在公共组织内部进行变革，以建立类似于市场的竞争机制；在管理中要强化企业家精神，采用企业的管理机制和办法进行政府管理③。

二是引入第三部门，即非营利组织，通过二者的合作，互补地供给公共物品④。在市场失灵、政府供给公共服务困难的状况下，第三部门的出现，承担了部分公共物品的供给。第三部门是那些不以营利为目的的社会组织，虽然这些社会组织因偏离资源机制而产生功能上和效率上的

---

① Paul. A. Samuerlson, "The Pure Theory of Pubilc Expenditures", *The Review of Economics and Statistces*, Vol. 36, No. 4, 1954.

② Savas E. S., "On equity in providing public services", *Management Science*, Vol. 24, No. 8, 1978.

③ ［美］戴维·奥斯本、［美］特德·盖布勒：《改革政府》，上海译文出版社2006年版。

④ Hansmann H., "Ownership of the Firm and Organization", *Journal of Law*, .Vol. 4, No. 2, 1988.

种种缺陷，与政府存在一定的对抗关系[①]，但其对公众需求的灵敏性，正好与政府刚性制度相互弥补，可以通过二者的合作使公共服务的供给更有效率。

3. 多元供给方式

20 世纪 90 年代以后，公共管理学家开始对新公共管理理论进行反思，认为作为"企业家"的政府，虽然具备了市场化运作的管理思维，但是不可否认的是还蕴含着其他一些内容；同时新公共管理体制将"企业效率"作为政府管理的核心理念，虽然使得政府运行更加有效，但却轻视了政府职能公平性与民主性的维护。新公共服务理论重新定位了政府的角色：服务者而不是掌舵者，政府的服务对象不仅仅是"顾客"，更重要的是公民[②]。政府的责任是一个中间人的角色，要努力创造一个平台，将公民集中到谈判桌前进行协商，打开一个互动的新局面。在这种新理论的影响下，政府对公共服务的供给也不再局限于"单方"或者"双方"，而是广泛吸纳多方的力量，由政府、市场、第三部门建立起多元权利与权利均衡，吸纳三方的优势，寻求共赢的效果[③]。

公共物品供给方式经历了一个由单一供给、联合供给、向多元化供给转变的发展脉络；与此相对应的是政府在管理中策略的变化，福利分配、市场运作、到公平性与效率性的结合。伴随着政府角色定位的转变，多元化供给方式的引入，公共服务的供给反而变得更加复杂，多元化的供给不再仅仅是探讨公平性与效率性优先地位的问题，而是需要去结合各方的优势，避免各方的劣势，那么如何分配各方力量？哪些公共物品是可以由政府埋单、哪些是需要引入市场机制的？这些问题已经是目前及未来研究的重点领域。

二 公共服务的需求

政府对公共服务不同的供给方式影响了公共服务供给的有效性，同

---

① Young D., "Alternative Modles of Government – Nonprofit Sector Relations: Thoretical and International Perspective", *Nonprofit and Voluntary Sector Quarterly*, Vol. 29, 2000.

② [美] 珍妮特·V. 登哈特：《新公共服务：服务，而不是掌舵者》，方兴、丁煌译，中国人民大学出版社 2010 年版，第 201 页。

③ King C, Stivers C., *Government is US: Public Administration in an Anti – Government Era. Thousand Oaks*, . CA: Sage Publications, 1998, p. 23.

样居民需求偏好的显示决定了公共服务的种类和数量。

1. 公共物品需求的均衡

关于公共物品需求数量的分析多是从宏观理论角度对公共服务供需的均衡价格、均衡数量的判断，如萨缪尔森提出的公共物品一般均衡模型，假设社会只存在纯私人物品及纯公共物品，两种生产要素，仅有两个消费者，那么两种生产要素劳动与资本的边际技术替代率相等；生产的边际转换率等于消费的边际替代率之和时，公共物品的供给与需求达到帕累托最优①。庇古从基数效用出发，通过公式计算了个人在自己的预算内对公共物品与私人物品进行最佳配置的均衡点。林达尔认为如果每一个社会成员都按照其所获得的公共物品或服务的边际效益的大小来捐献自己应分担的公共物品或服务的资金费用，则公共物品或服务的供给就可以达到最佳或高效率的配置②。公共物品的均衡理论都牵扯到税收如何计算的问题，且其均衡是在公共物品与私人物品之间的均衡，这些理论的探讨具有较好的指导意义，但是由于较多假设条件的限制，在实际的应用中具有局限。

在公共物品供给的过程中，需求方还存在"搭便车"的情况。由于参与者不需要支付任何成本便可以享受到与支付者等价的物品效用，影响了成本的分担，包括两种情形：一是享受权利但不履行义务；二是接受权利和尽义务不在同一地区，那么这就会造成公共物品偏好显示的不准确③。

2. 公共物品的需求偏好

"用脚投票"理论是蒂布特提出，他认为在人口流动不受限制、社区之间税收体制相同、无溢出效用的假设下，居民可以根据各地方政府提供的公共产品和税收来自由选择最能满足自己偏好的地方居住④。消费者

---

① ［美］保罗·萨缪尔森、［美］威廉·诺德豪斯：《经济学（第十七版）》，萧琛译，人民邮电出版社2004年版。

② E Lindah. L., "Just taxation – A Positive Solution", in R. A. Musgrave and A. T. Peacock (eds), London: Macmillan, 1967.

③ H. Hori, "Revealed Preference for Public Goods", *The American Economic Review*, Vol. 65, No. 5, 1975.

④ Tiebout, "A Pure Theory of Local Expenditure", *The Journal of Political Economy*, No. 5, 1956.

通过对当地的公共服务的收益及付出的税收成本进行计算，从而理性地对居住社区进行选择①。通过学者的修正，该模型在微观领域也得到印证，如有学者通过居民调查的方法，收集问卷数据，也可以测量出居民对公共服务的需求②。蒂布特"用脚投票"的理论是通过居民的流动来间接判断居民对公共物品的需求，具有一定的实际意义，但是对未发生迁移的居民来说，如何探析他们对公共物品的需求呢？这就需要"中间投票人"理论发挥作用了。

在简单多数投票中，假设所有投票人的偏好都是单峰的，并且投票人数为奇数的情况下，投票的最后结果必然是中间人所偏好的结果③。那么在一定条件下，社区内中位选民的偏好就是社会全体居民对公共物品的偏好④。在实证研究中，许多学者对中间投票人理论进行了进一步验证，然而中间投票人理论的实证分析并不是单独进行的，大部分结合了俱乐部产品理论，使中间投票人理论的实际应用更加合理。

"俱乐部产品"是布坎南提出的，指部分具有非排他性、非竞争性的准公共物品，由于居民人数增加所导致的人均获得公共品服务水平的下降，被称作地区性公共品供给中的"拥塞效应"。同样，人口的增加还可能会提高公共品总量的供给，进而提高人均可得的公共服务，其中的原因可能在于在某些范围内，人口的增加提高了单位公共品的利用率，并降低了每个居民在公共品供给中所需分担的成本。这种人口增加对人均可得的公共品供应的促进作用，被称作"网络效应"⑤。在两种理论的指导下，许多学者通过计算公共产品的拥挤度来判断居民人口规模与公共服务之间的关系，如对美国义务教育资源构建了教育需求函数及私人教

① Walter Santagata, Giovanmi Signorello, "Contingent Valuation and Cultral Policy Desigen: the Case of 'Napoli Musel Aperti'", *Journal of Cultural Economics*, No. 8, 2000.

② Rbubinfld, Shapiro, Robert, "Tiebout Bias and The Demand Forlocal Public Schooling", *Review of Economics and Statistics*, Vol. 69, No. 3, 1987.

③ ［美］安东尼·唐斯：《民主的经济理论》，姚洋、邢予青等译，上海世纪出版集团2005年版。

④ Bergstorm Theodore, Goodman Robert, "Private Demand for Public Goods", *American Economic Review*, No. 6, 1973.

⑤ 刘小鲁：《区域性公共物品的最优供给：应用中国省级面板数据的分析》，《世界经济》2008年第4期。

育需求函数，分析美国义务教育资源的需求程度及拥挤度[1]。Craig 通过
对司法服务的研究，基于辖区理论分析了司法服务的拥挤程度，认为法
律的公共性越强，司法服务越容易拥挤[2]。Theodore C. Bergstrom 等人建
立了基于中位居民的收入弹性、税收份额、人口数量的需求函数，并在
此模型的基础上加入在职人口比重、非白人比重、65 岁及以上人口比重
等人口特征变量，计算了美国十个城市、三种公共服务的拥挤度[3]。此
后，学者们基于中位居民的需求弹性理论，进一步完善了相关研究。
Thomas E. Borcherding 分别加入了城市化水平、地区变量及其交互作用的
影响在该模型中，结果显示，城市化水平和地区变量的影响微乎其微，
人口密度对当地教育、高等教育及高速公路的投入有显著的正向影响，
税收份额对高等教育、高速公路有正向影响[4]。Alain Guengant 分别采用
了中位收入居民需求模型和公共物品的供给模型计算了法国不同规模城
市公共服务的拥挤效用和网络效用，结果显示俱乐部产品的拥挤效用的
确存在，但是城市规模的不同，边际拥挤度存在差异。小城镇随着人口
的增长，拥挤度先减少后增加；中等城市拥挤度随着人口数量的增加减
少；在大城市并不存在显著影响[5]。Robert Breuning 在文章中研究了人均
公共物品投入与人口总量之间的 U 形关系，在传统中位居民需求模型的
基础上，采用了非参数的分析方法，解释了人口数量对公共物品投入的
两方面影响：拥挤的费用增加了税收，税收的分担减少了税收[6]。
Tom. S. Means 在传统模型上进行了修正，分别建立了人口基数拥挤函数

①　Wyckoff. J. H. , "The Non – Excludable Publicness of Prinary and Secondary Public Educa-
tion", *Journal of Public Economics*, No24, 1984.

②　Craig. S. C. , "The Impace of Congestion on Local Public Good Production", *Journal of
Public Economics*, No. 33, 1987.

③　Theodore C. Bergstrom and Robert P. Goodman, "Private Demands for Public Goods", *The
American Economic Review*, Vol. 63, No. 3, 1973.

④　Thomas E. Borcherding and Robert T. Deacon, "The Demand for the Services of Non – Fed-
eral Governments", *The American Economic Review*, Vol. 62, No. 5, 1972.

⑤　Alain Guengant, Jean – Michel Josselin, Yvon Rocaboy, "Effects of Club Size in the Pro-
vision of Public Goods. Network and Congestion Effects in the Case of the French Municipalities",
Regional Science, No. 88, 2002.

⑥　Robert Breuning, Yvon Rocaboy, "Per – capita Public Expenditures and Population Size: a
Non – parametric Analysis Using French", *Public Choice*, No. 136, 2008.

公式、幂指数拥挤公式与混合拥挤公式三个模型进行对比，建立了卫生、教育等四个公共物品的最优供给模型[1]。国内学者也将中位居民理论应用到我国的实践中，目前我国部分公共物品尤其是社会保障供给严重不足，从性质上更加近似私人物品[2]。由于中位收入居民的理论并不完全适合我国的国情，所以显现各种矛盾[3]。但从该理论及模型中，我们依然可以提取有用的因素，那就是人口规模对公共服务的影响至关重要。

3. 公共物品的微观调查

无论是公共物品的均衡条件，还是拥挤度的测量，均是从宏观角度对公共物品数量多少及数量与需求匹配程度的计算。1989 年美国密歇根大学商学院博士费奈尔总结出了顾客满意度指数，主要由顾客期望、顾客对质量的感知、顾客对价值的感知、顾客满意度、顾客抱怨、顾客忠诚度组成[4]。在此基础上，许多学者借用心理学中的一些方法，如或有评价法（Contingent Valuation Method）更直接地通过问卷的方式探究居民对公共物品使用的需求[5]。此法的应用极广，不仅可以通过构建顾客满意度指数，分析居民对公共服务的满意度，直观地揭示居民的需求，如国外居民对电子邮件服务的满意度[6]，而且可以分析公共服务满意度的影响因素[7]。

我国学者对顾客满意度理论的应用多集中在对政府绩效评价的方面，中国全面小康研究中心在 2011 年 2 月对全国 16 个城市进行了公共服务公

① Tom. S. Means, Stephen L. Mehay, "Estimating the Publicness of Local Government Service: Alternative Congestion Function Specifications", *Southern Economic Journal*, Vol. 61, No. 3, 1995.

② 卢洪友、卢盛峰、陈思霞：《中国地方政府供给公共服务匹配程度评估》，《财经问题研究》2011 年第 3 期。

③ 刘小鲁：《区域性公共物品的最优供给：应用中国省级面板数据的分析》，《世界经济》2008 年第 4 期。

④ 陈光：《公共服务评价：理论与实践——首届中国公共服务评价国际研讨会综述》，《中国行政管理》2006 年第 2 期。

⑤ Bergstorm Theodore, Goodman Robert, Private Demand for Public Goods, *American Economic Review*, No. 6, 1973.

⑥ Liu Hongyu, Li Jian, GeYunxian. Design of Customer Satisfaction Measurement Index System of EMS Service, *Journal of China Universities of Posts and Telecommunications*, No. 1, 2006.

⑦ S. H. HSU., Developing an Index for Online Customer Satisfaction: Adaptation of American Customer Satisfaction Index, . *Journal of Expert Systems with Applications*, No. 3, 2008.

众满意度的调查，结果显示上海、北京、广州公共服务满意度总体得分位列前三，其中医疗卫生是民众最关心的领域，满意度不足两成；保障性住房满意度得分最低①；2012 年《小康》对我国十五个城市"政府公共服务满意度"进行调查，受访者对城市公共服务的总体满意度并不高，感到满意的仅占 34.5%，半数人感觉一般；公众最满意的是文化体育、公共安全、市政建设、环境保护和义务教育服务；杭州、沈阳、深圳、北京、上海的公共服务综合满意度排名位列前五②。2011 年《公共服务蓝皮书》对我国 38 个城市公共服务满意度进行调查，公众对住房保障关注度最高，对社会保障和就业的满意度最低；住房保障、社会保障、就业、医疗卫生是居民最关心的公共服务；青岛、北京、宁波城市公共服务的满意度名列前位。调查进一步发现，公共服务的满意度排名与 GDP 没有直接关系，公共服务水平的提升不能仅依靠 GDP，更重要的是提高政府社会管理的能力和水平③。2012 年上海市在对城市公共交通服务的满意度调查中发现，轨道交通的评价最高，居民认为车内乞讨和卖唱等行为对本市的轨道交通造成较大的负面影响④。此外，满意度的调查在农村公共服务的评价中使用也较为广泛，有学者采用主成分分析方法对陕西省 32 个乡镇 67 个自然村的农村公共服务满意度进行调查发现，农民满意度的影响主要来自道路、基础教育、医疗、水利设施及农民的年收入等因素⑤。而在新疆地区，基本生活保障问题、看病问题、子女上学费用问题和养老问题、住房问题、文化娱乐问题需求强度依次减少；在需要改善的生产设施方面，水利灌溉、电力、道路设施位列前三⑥。

---

① 张旭：《"医疗卫生"最受关注"保障性住房"满意度最低——16 城市公共服务满意度大调查》，《小康》2011 年第 3 期。

② 欧阳海燕：《超过半数人肯定新医改 八成人对保障房不放心》，《小康》2012 年第 3 期。

③ 侯惠勤、辛向阳、易定宏：《中国城市基本公共服务能力评价（2010—2011）》，社会科学文献出版社 2011 年版，第 88 页。

④ 上海市质量协会用户评价中心：《2012 年上海城市公共交通服务质量现状调查》。（http://www.gov.cn/gzdt/2012-10/22/content_2248482.html）

⑤ 唐娟莉、朱玉春、刘春梅：《农村公共服务满意度及其影响因素分析》，《当代经济科学》2010 年第 1 期。

⑥ 李霞、蒲春玲、李雪艳、孟梅：《农村公共服务需求特征研究——基于新疆北疆地区的典型性调查》，《山东农业科学》2010 年第 7 期。

政府供给公共物品的最终目的是为广大居民服务，因此了解居民的喜好是公共物品配置的首要任务，以往福利经济学中关于居民偏好的研究是基于西方民主投票选举制度而产生的，集中在探讨税收制度的选择、私人物品与公共物品的数量平衡方面，它的研究往往有许多严格的假设前提，基于我国的国情，或许并不完全满足该前提，因此在应用上存在局限，需要改良；此后关于需求偏好的研究开始引入心理学等其他学科的相关理论，从微观的方面，通过问卷的形式了解居民对公共物品的偏好，在研究中更具实用性。

三　公共服务的配置过程

如果从公共服务供给的过程来看，政府的供给方式、需求偏好的显示更侧重于从理论的角度去判断公共服务的有效性，既有公共服务配置之前的分析，也有公共服务配置之后的评价，那么公共设施的配置则是对分配过程的探讨，是将公共服务供给与需求结合的桥梁。公共服务供给方式的选择、公共服务需求偏好的把握主要讲究的是公共服务供给的效率，在配置过程中公平性、均等化则是主要的原则。公共服务的配置一般是指设施的空间配置，具体来说有城市内部的公共服务设施配置，也有区域间的均等化分析。

1. 空间可达性的研究

在区域内判断公共服务分布的状况一般采用可达性的方法。空间可达性是人文地理学中评价公共服务设施空间布局的关键概念。1959 年，美国学者汉森在对城市土地利用研究时首次提出可达性的概念，其本义为一个地方到达另一个地方的容易程度[①]。城市公共服务的可达性是指其空间分布区位与使用者之间相对靠近和接近的空间关系[②]。它所反映的是不同地区的群体对特定社会服务的接近度是否公平，由此确定那些缺乏

[①] Johnston R. J. , *Dictionary of Human Gepgraphy Third Edition*, Oxford Basil Blackwell, 1994, p. 205.

[②] Ko - Wan Tsou, Yu - Ting Hung, Yao - Lin Chang, An Accessibility - Based Integrated Measure of Relative Spatial Equity in Urban Public Facilities, *Cities*, No. 6, 2005.

相应设施而应加以关注的区域①。基于韦伯的区位理论研究，国外学者对公共设施区位的研究经历了由计量地理学向空间地理学研究方法的转变。起初对公共设施区位构建了数量方法与模型，研究在距离、模式和易接近性等区位因素的影响②，如以交通网络为基础，对医院、学校、体育馆及公共绿地等设施的区位进行研究，分析公共服务设施的空间区位③。此后，GIS 的发展与应用对公共设施的选址问题提供了一个有力的工具，除距离法以外，等值线法、重力模型法、基于矩阵的拓扑法等丰富了可达性的研究方法④。艾米丽·塔伦（Emily Talen）运用一种方法论和试验空间数据分析观点来评估设施分布的公平性，根据美国普韦布洛、科罗拉多、梅肯和乔治亚州的公园数据，通过比较公园易接近性空间集聚的得分，得出公园分布的均衡性⑤。此外，可达性也不仅局限在距离可达上，也加入了许多社会因素，有学者认为在进行资源配置的时候不能仅考虑距离等因素，而应当考虑接受服务机会的空间均等性。因此还需加入设施可达性、利用公平性及满意度调查⑥。

　　公共服务可达性的目标是空间布局的均衡性⑦，这使得对公共服务空间分布的研究多集中于距离等实际可达性的表达，但很少有学者将对公共资源空间分布的研究与人口的空间分布联系起来⑧。毕竟人才是公共服务的对象，尤其是一个城市的市区与郊区面积不同、人口密度不同，必

　　① 顾鸣东、尹海伟：《公共设施空间可达性与公平性研究概述》，《城市问题》2010 年第 5 期。

　　② Bigman, D. and Revelle, C. , "The Theory of Welfare Considerations in Public Facility Location Problems", *Geographical Analysis* , No. 10, 1978.

　　③ Knox. P. L. , "The Intraurban Ecology of Primacy Medical Care – Patterns of Accessibility and Their Policy Implication", *Environment and Planning* A, No. 1, 1978.

　　④ 陈洁、陆锋、程昌秀：《可达性度量方法及应用研究进展评述》，《地理科学进展》2007 年第 26 卷第 5 期。

　　⑤ Emily Talen, "Neighborhoods as Service Providers: a Methodology for Evaluating Pedestrian Access", *Environment and Planning B: Planning and Design*, No. 30, 2003.

　　⑥ Rich R C. , "Neglected Issues in the Study of Urban Service Distribution: a Research Agenda", *Urban Studies*, No. 16, 1979.

　　⑦ 林康、陆玉麒、刘俊：《基于可达性角度的工农产品空间公平性的定量评价方法：以江苏省仪征市为例》，《地理研究》2009 年第 1 期。

　　⑧ 方远平、闫小培：《西方城市公共服务设施趣味研究进展》，《城市问题》2008 年第 158 卷第 9 期。

然会导致可达性的差异，因此人口是一个不可忽视的因素。

2. 公共物品供给均等化的研究

空间可达性的研究是对城市内部公共服务设施均等化的判断，均等化的研究则是在跨区域之间公共服务是否公平的研究。国外关于公共物品均等化的研究多集中在财政政策的角度，致力于使每个处于平等地位的人得到相同财政对待，构建兼顾效率与公平的财政途径①。虽然我国对公共服务均等化研究起步较晚，但是近几年随着建设服务型政府目标的定位，公共服务均等化逐渐成为我国学界对公共服务研究领域的热点之一。

均等化的研究是针对目前我国公共服务尚不均等的现象而提出的，这些不均等现象表现在以下几个方面：公共服务存在区域差异。李敏纳通过建立教育服务、文化服务、卫生服务、社会保障服务与环境保护服务五个一级指标及十几个二级指标，采用主成分分析法、计量经济学方法分析得出我国社会性公共服务区域之间存在较大差异，经济差异、人口迁移、公共服务发展滞后是导致这种差异的主要原因②；根据 2010 年的数据，深圳、上海、北京等东部地区公共服务指数排在前三位③。其次城乡间在医疗、教育等方面也存在较大差异④。目前在不均等化现象的研究方面尚未形成统一的指标，研究的方法也不尽相同。在如何实现公共服务均等化的对策中，学者们也给出了不同的意见，集中在转变政府职能、完善公共财政制度，包括合理分化各级政府实权和责任，完善转移支付制度等；同时统筹城乡、地区间的公共服务体制也是实现均等化的重要手段⑤。当然，有部分学者持相反观点，认为在某些地区公共服务的供给差异并不大，徐崇波运用运筹学中 DEA 方法，研究了江西省 80 个县

---

① 詹姆斯·M. 布坎南：《公共物品的需求与供给》，马珺译，上海人民出版社 2009 年版，第 48 页。

② 李敏纳、覃成林、李润田：《中国社会性公共服务区域差异分析》，《经济地理》2009 年第 6 期。

③ 陈宪、康艺凡：《中国城市公共服务指数》，《科学发展》2011 年第 2 期。

④ 王雍君：《中国的财政均等化与转移支付体制改革》，《中央财经大学学报》2006 年第 9 期。

⑤ 刘德吉：《国内外公共服务均等化问题研究综述》，《上海行政学院学报》2009 年第 10 卷第 6 期。

市农村公共物品供给的投入状况得出，各县市农村公共物品投入差异较小，提供公共物品的程度基本相同①。

均等化的程度因研究的地区不同而有所差异。从全国范围来看，由于经济发展水平、人口状况不同，因此公共服务发展存在地区差异、城乡差异。但从小范围地区，如在同一个省市范围内，公共服务的供给水平基本相同，这也是由于财政统筹的级别造成的。同时，在研究不同区域公共服务水平的时候，需要注意指标的选取，测量指标的不同会造成结果的差异。

四　文献研究评述

国外对城市公共服务的研究起步较早，研究的理论涉及福利经济学、公共管理学和财政经济学等多个领域。国内相关的研究虽然起步较晚，但由于目前公共服务的研究涉及民生等问题，不仅受到政府的重视，也因受到学术界的热捧成为热点话题。总的来看，国内外关于公共服务的研究具有以下特点：

1. 研究领域、方法较为单一

国内外各个领域均有对公共服务的研究。在公共管理学中，多考虑的是哪种公共服务的供给方式是最有效的，不同公共服务供给方式的缺陷及优点是如何的。福利经济学中多是探讨公共服务的供给如何达到帕累托最优，公共物品的供给数量与私人物品供给数量之间的均衡性。公共选择理论中多探讨如何揭示居民对公共服务的偏好，以及何种选择机制能够最大限度揭示居民对公共服务的偏好。财政经济学中则是揭示何种财政制度可以最有效地提供公共服务。空间地理学的研究集中在对公共服务设施可及性的判断。各学科之间交叉、综合的研究较少，事实上，公共服务的配置过程涉及各个学科的知识与方法，而各个学科的方法都有独特的优点，如将已有领域的研究筛选综合，去粗取精，会有更多发现。

此外，以往学者对公共服务有效性的评价过程中，要么采用客观指

---

① 徐崇波：《基于 DEA 的我国农村公共产品供给绩效评价研究》，《财政研究》2010 年第10 期。

标，要么采用主观指标，将二者结合使用的研究较少，主客观指标均有各自的优缺点，如能将二者结合起来对公共服务有效性进行评价，那么可以扬长避短。

2. 综合系统的评价研究较少

相比国外较为成熟的理论体系，国内关于公共服务的研究起步较晚，除了延续国外学者在公共管理学、财政经济学、空间地理学的研究视角外，还关注于对公共服务效果的评价研究，这方面的研究集中在两点：一是对我国当前公共服务供给的现状进行评价，要么用于对政府绩效考核的评价，要么用于对公共服务地区状况的对比；二是对居民使用公共服务满意度的研究。这些研究多集中在实证研究中，但由于指标设置的不同，往往并不具可比性。此外研究要么是对政府公共服务供给的评价，要么是居民对公共服务使用效果的评价，二者综合评价的研究较少。然而从公共服务配置的过程来看，是否有效不仅包括供给的有效，还包括利用的有效，系统综合的判断更具研究价值。

3. 研究视角较为局限

无论是研究内容有何变化，研究方法如何选择，我们都可以发现，城市公共服务的配置离不开与需求对象的结合。虽然公共服务的研究离不开人，但是以往的研究视角相对具有局限性，着重从人口学视角的研究十分少见。当前，在新公共服务理论的视角下，政府以人为本的服务理念告诉我们，政府公共服务的配置不再是一厢情愿，而应当首先考虑居民的需求及利益。在城市化背景下，人口变动十分强烈，因此重视人的作用，从人口学角度来探讨公共服务的有效性符合时代要求，具有创新意义。

基于以往研究的特点，本书希望从一个新的视角，关注人口因素对公共服务有效性评价的影响，注重多学科理论与方法的综合利用，注重理论与实证的结合，注重对公共服务配置过程的综合评价，注重宏观与微观的结合，对公共服务配置的有效性进行评价，期望得出有意义的结论，用理论指导实践。

第二节　相关理论基础

一　宏观理论基础

1. 福利经济学理论

福利经济学的发展道路可以分为两个部分：旧福利经济学与新福利经济学。旧福利经济学的代表人物是庇古，他的理论建立在基数效用假设和人际效用可以比较的前提条件下，主要观点表现在：第一，国民福利收入总量越大，社会经济福利就越大。一方面公共服务能够使人得到满足，在未达到饱和的前提下，公共服务的总量增加可增进社会福利，不足则会影响社会福利；另一方面提高公共服务的价值源泉来自国民收入，在公共服务投入比例不降的前提下，公共服务总量将随着国民收入总量的增加而增加。第二，国民收入分配越是均等化，社会经济福利也就越大。国民收入分配的均等化可以增进社会福利①。一直以来，庇古的绝对均等化理论被认为是损失了效率，市场经济国家并不会选择。但是从政府对社会福利的投入方面来考察，公共服务的投入一般是以资源配置的均等化为前提，尤其是在基本公共服务投入的方面，均等化的财政投入得到世界各国的认同。

新福利经济即在绝对公平的基础上关注了公共服务供给的效率标准，也即所谓的新福利经济学。新福利经济学建立在序数效用假说和无差异曲线的分析基础上，帕累托关于资源配置效率提出了"帕累托最优"和"帕累托改进"两个概念。所谓帕累托最优原理是指资源配置达到这样一种经济状态，即不论实行何种社会经济政策变动，在使一部分人的福利水平上升的同时，必然使另一部分人的福利水平下降。对公共服务资源的配置来说，如果不存在其他可行的配置，使得所有享受公共服务的个人至少同他们在初始时的情况一样好，而且至少有一个人的情况比初始时更好，这种公共服务资源配置就是最优和最有效的分配；当资源配置的状况发生变化时，没有人福利减少，却有人福利增加，这个过程叫作帕累托更优。一项政策能够至少有利于一个人，而不会对任何其他人造

---

① 于树一：《公共服务均等化的理论基础探析》，《财政研究》2007 年第 7 期。

成伤害，是帕累托改进，它是达到帕累托最优的途径和方法。

当前的福利经济学，并不一味地追求公平或者效率，而是在二者之间的权衡和关系中谋求新的出路，如何在讲究公平的时候不损失效率，如何在注重效率的时候不放弃公平成为当前福利经济学中关注的重点。

2. 公共管理学理论

公共管理学的发展轨迹经由了传统公共行政学、新公共管理学和新公共服务学三个阶段，政府在每个阶段中所扮演的角色发生了较大的变化。传统公共行政学起源于工业革命，随着西方资本主义向垄断资本主义的发展，资本主义逐渐进入一个"瓶颈"期，导致经济危机及社会问题的大爆发，市场失灵逐渐凸显，凯恩斯主义的思想逐渐萌发并成为主导，主张国家干预经济，此时政府义无反顾地承担起前所未有的责任和权利，公共行政理论得以迅速发展。传统的公共行政理论主要关注政府自身的运行，致力于对公民的约束与控制，在经济和社会等各个方面建立起一个自上而下的权威统治政府。

进入 20 世纪 70 年代以后，西方国家经济出现了经济滞胀、通货膨胀等社会问题，人们开始对政府全面干预经济的做法进行反思，认为政府的作用并非是无所不能的，以新自由主义的思潮为指导的新公共管理学应运而生，并在 90 年代风靡于世。新公共管理学理论将市场机制的作用引入政府，其核心理念是将企业管理的方式及企业家的精神应用到政府管理中来，在现实社会中存在两个市场，一个是政治市场；另一个是商品市场。两个市场的共同目的均是追求剩余价值及运营效率，在政治市场中，政府如同企业家，居民如同消费者，政府的管理目标是以"消费者"为上帝。新公共管理学强调了政府效率及对"顾客"的关注，它的理论思想一直沿用至今。

当前，在新公共管理学方兴未艾的同时，世界行政改革出现了新的思潮，面对着公共资源的分配不均等社会问题，一味地强调效率已经不合时宜。美国著名公共行政学家罗伯特·丹哈特提出了"新公共服务"的概念，认为政府与居民的关系是企业家与顾客的关系，政府的职责是"服务者"而不是"掌舵者"，政府的责任不是驾驭、控制、管理社会，而是帮助和服务于公民实现其价值及利益，新公共服务理论认为政府的地位更应当是幕后工作，重视公民权利，强调以人为本的理念。

3. 城市化发展阶段理论

城市化是农村人口转变为城市人口的现象，不仅表现在城市数量增多与城市人口逐渐提高，而且还表现在众多人口日益向大城市聚集的历史过程，是一个国家由传统农村社会向现代城市社会发展的必然趋势①。不同学科对城市化的理解有所不同，经济学家通常从经济与城市的关系出发，强调城市化是从乡村经济向城市经济的转化；地理学家强调城乡经济和人文关系的变化，认为城市化是由于社会生产力的发展而引起的农业人口向城镇人口、农村居民点形式向城镇居民点形式转化的全过程；社会学家强调城市化是社会生活方式的主体从乡村向城镇的转化；人类学家强调城市化是人类生活方式的转变过程；历史学家则认为城市化是人类从区域文明向世界文明过渡中的社会经济现象；人口学家研究城市化主要是观察城市人口数量的增加变动、分布等特点及其产生这种变化的原因及后果②。可见，城市化的过程并不是某种现象的单一过程，而是经济、社会、人口共同作用产生的结果。

根据这些特点，西方学者将城市化的进程划分了不同的阶段，如美国学者诺阿姆提出的城市化过程三个阶段：初期阶段、加速阶段、后期阶段，仅从人口学的角度考察，初期阶段城市人口增长缓慢，当城市化率达到10%后，城市化进程逐渐加快，在达到30%时城市化水平到达加速阶段，在这个阶段内城市化速度持续加快，而且这种持续趋势直到城市化率70%后才变缓，随即城市化进入后期阶段，城市化率几乎停止不变。霍尔引入生命周期理论，将城市化归纳为城市化、郊区化、逆城市化、再城市化四阶段理论③。在城市化阶段，人口向城市中心集聚；在郊区化阶段，人口向中心城市的边缘——郊区集聚；在逆城市化阶段，中心城区、郊区人口数量均出现下降，但中心城区人口的下降速度快于周围地区；在再城市化阶段，中心城市人口增长速度再一次超过周围地区。无论是三阶段还是四阶段理论，人口在城市化的过程中，表现集聚与分

---

① 周毅、李京文：《城市化发展阶段、规律和模式及趋势》，《经济与管理研究》2009 年第 12 期。

② 周毅：《现代文明进程中的城市化理论》，《特区理论与实践》2003 年第 11 期。

③ 陈春林、梅林、刘继生、韩阳：《国外城市化研究脉络评析》，《世界地理研究》2011 年第 1 期。

散、再集聚的特点，导致人口规模、地域分布的变动，同时伴随着经济社会的变化，人们生活方式、社会构成也在随着变动。

二 微观理论基础

1. 俱乐部产品理论

布坎南提出的"俱乐部产品"是介于纯公共物品与私人物品之间的产品，部分具有非排他性、非竞争性。在初期随着人口的增加可能会提高单位准公共物品的利用率，并降低每个居民在准公共物品供给中所需承担的成本，此后，当使用人口超过一定规模后，人数的再增加则会导致人均获得公共物品服务水平下降，从而产生拥挤。可见，居民人数在对公共物品最优数量的问题中起绝对作用，此外根据公共选择理论，公共服务品的最优水平取决于居民的偏好，是居民投票的结果，而占优的投票结果为中间投票人的最优消费选择。中位居民的收入是衡量需求水平的重要经济因素，与居民数量等因素共同决定了公共服务的最优规模。

2. 新古典区位理论

古典区位论是基于企业的线性区位选择问题建立的，但是在现实的企业选择中，仅用线性方法进行区位选择是不够的，在此基础上基于网络、均衡等视角的新古典区位理论成为企业区位选择的理论基础。在新古典区位论中，空间竞争的均衡性是一个研究的重要领域。每个企业有自己的消费群体，竞争只发生在与它相邻的少数企业之间，由于运输成本的存在，竞争对企业的影响随着距离的增大而减弱。在公共服务设施配置的领域也需按照空间均衡的理论进行分配，每个特定公共服务设施存在一定的服务半径，即服务的人群，在这个范围内，该公共服务提供给每个居民的服务数量和质量相同。

当补偿理论、帕累托最优理论等福利经济学最优理论关注于公共服务公平性的理论探讨的时候，公共服务设施空间配置无疑是回应理论研究的实践应用。城市公共服务设施的配置与规范化来源于城市居住空间理论与实践的演变，"田园城市"理论是最早将城市中配置设施反映到城市的整体规划中的。"邻里单位"理论则进一步将居住地视为一个社会构成单位而具有综合的概念，在此区域内设置相关公共服务设施的观念得到了社会的认同。此后经济地理学家克里斯塔勒提出了著名的中心地理论，从经济地理学的角度阐述了一个理想的中心地区域，在此中心地要为其府第提供中心商品，在提供中心商品的同时需要考虑商品服务的范围，以及商品供需的最基本的需求量（即门槛值）。中心地理论的出现扩展给城市公共服务设施配置的研究思路，将社会学、福利学的视角添入了经济地理学的思维方式，为城市规划中如何有效地配置公共服务设施提供了依据。

3. 顾客满意度理论

顾客满意度理论起源于美国，是反映顾客对企业某种商品服务消费所产生的感受与自己期望的对比。企业不仅要了解市场的宏观规模、服务态度、产品质量，也要考察产品服务是否与顾客的需求、期望相吻合。在公共服务领域，主要是判断居民对公共服务的满意度，评价公共服务的供给是否满足居民的期望与需求。对公共服务满意度的评价包括三个方面：一是公共服务的利用率，二是公共服务的评价，三是公共服务的需求①。

本章小结

本章总结了国内外学者关于城市公共服务的研究，总结出公共服务研究的三个方面：供给方式的研究、需求偏好的研究及公共服务配置过程的研究，通过梳理发现，城市公共服务的研究虽然日益成熟，但尚缺乏对城市公共服务整个配置过程的系统研究，缺乏多学科的交叉研究，缺乏将供给与需求有效性相结合的分析，因此本书希望在福利经济学理论、公共管理学的框架下，借鉴俱乐部产品理论、新古典区位论、顾客满意度理论等微观理论，提出本书的研究视角及框架。

---

① 唐娟莉、朱玉春、刘春梅：《农村公共服务满意度及其影响因素》，《当代经济科学》2010 年第 1 期。

第三章

城市公共服务配置有效性的评价方法

什么是公共服务的有效性，又如何能够达到公共产品的有效性配置？一直以来这都是经济学家、社会学家、学者、政府所关注的问题，公共服务达到有效供给也是众所追求的公共服务供给的完美境界。

在国际上，公共服务的供给状况体现了一个国家的综合实力，如每年发布的《全球竞争力报告》中健康、教育等指标与经济发展等指标，在评价一个国家竞争力中占据同等重要地位。在国内，城市公共服务的有效供给则是政府绩效评估的重要方面，体现了政府对公共部门的工作效率、能力等。在当前社会转型期，社会矛盾突出，我国发展重心逐渐由经济向社会发展、公共服务的提升转移，公共服务的供给状况已经逐渐上升至一个更高的层次，不仅关乎一个国家，一个地区竞争力，体现政府的工作能力，而且是社会稳定的重要因素。那么如何对一个城市公共服务配置的有效性进行判断？如何达到公共服务配置公平性与效率性的平衡目标？

从目前对公共服务的评价来看，大致有两种途径：一、通过对公共服务供给的投入、产出等各方面指标体系的建立来评价一个城市公共服务的现状，新公共管理理论认为政府是一个庞大的企业，政府的管理者需要企业家的角色，建立一个有效率的"企业"政府。在这种思想的带动下，成本与收益法是最佳的判断"企业"是否有效运作的方法，达到净收益最大化是"企业"的目标，绩效成为政府对公共服务投入的最终追求，于是每年达到一定量的公共服务投入成为判断政府年终绩效的最有力武器。不可否认的是，这种绩效考核的方式在增加公共服务的投入增长中起到了不可磨灭的作用，然而这种机械的增长往往停留在政府的面子工程、形象工程上，而忽略了居民的真实需求，公共服务的供给是否合乎居民的需求，是否与居民的需求相适应，却不得而知。另一种途径是近些年比较倡导的居民满意度测评方法，居民即为顾客，那么政府经营的责任则是以居民满意度为宗旨。如果说投入产出的测量是对城市公共服务有效供给的客观评价，那么满意度的测量则是从主观上通过公众的感受去测量城市公共服务的供给是否有效。公共服务的对象是居民，如果政府一味投入，而忽略了居民的评价，那么即使是再有力的投入也是徒劳无功，不得民心，因此居民对公共服务的评价成为近些年的研究热点，然而该方面的研究局限于一些研究机构、咨询公司的使用，尚未纳入政府的绩效考核中。那么究竟哪种方式才是对公共服务配置有效性最好的评价呢？

第一节　城市公共服务配置有效性的评价内容

城市公共服务的配置并不是一个单一的环节，而是一个包括供给、分配、使用的完整过程，要对这个过程进行评价，就需要对每个环节的有效性进行评价。在公共服务配置的每个环节中的主体、侧重的原则和目标都不尽相同，因此我们首先要理清城市公共服务配置过程包括哪些层次，每个层次的主要内容，遵循的原则，评价的方法和手段。

一　城市公共服务配置有效性的评价层次

马克思政治经济学中指出，社会生产的总过程包括生产、分配、交换、消费。四个环节相互联系、相互制约，其中生产是起点，决定了生产什么样的产品、生产多少产品；消费则是整个生产过程的重点，也是生产的目的；分配和交换则是连接生产与消费的中间环节①。公共服务也是社会产品的一种，因此也遵循着社会再生产的四个环节。但是由于它与私人物品存在差异，在整个供给环节略有不同。生产是指创造物质财富、精神财富的过程，将生产资料转化成产品。公共服务的生产过程，

---

① 庄晓钟：《试论社会再生产过程中生产与消费的关系》，《中国经济问题》1981 年第6 期。

包括将物质资料或劳动力加工成公共产品或服务，是公共服务供给的基础，决定了公共服务供给的质量、数量等；分配是依照社会规律把产品分配，交换则是根据个人需求将已经分配的东西进行再分配，这两个环节实际上是一个分配再分配的过程，直至商品与它的需求之间相互一致为止。公共服务的分配与再分配过程也是一个将公共服务分配给需求对象的过程；消费是产品被享受及满足个人需要的环节，公共服务的消费则是公共服务被居民所使用的过程，通过消费的过程可以反作用于生产，去判断供给的种类是否与居民的需求相一致。在这三个过程中，每个环节都需要达到有效配置，那么整个公共服务的配置过程才是有效的，如何判断这三个过程是否有效呢？生产出的公共服务是为了供给居民公共服务，那么生产过程的目的是达到有效供给，即供给的质量、数量与居民的需求一致；有效分配是分配与再分配过程的最终目的，即公共服务的分配与其服务群体的分布相对应；居民对公共服务的消费可以看成有效利用的过程，通过利用来进一步综合判断供给是否满足了居民的需求偏好。可以说城市公共服务配置的有效性即通过有效供给、有效分配、有效利用三个环节来实现。

在这三个环节中，涉及两方基本的参与者：供给者与需求者。公共产品的供给方通常是以政府机构为主体，也包括政府委托的其他部门，如私人企业，志愿者等①；需求方则是居民。经济学中产品的均衡价格、均衡数量是在市场作用下，达到自然的供需均衡状态，亦是帕累托最优状态。有效供给与有效需求是伴随而生的，脱离了需求的供给即是无效的。公共服务的非排他性、非竞争性导致了市场的失灵，政府担任起公共服务供给的主体，尤其是在我国，长期以来政府将公共服务供给看成政府绩效考核的指标，往往将供给束之高阁，脱离需求，导致了公共服务供需之间的矛盾，因此本书对供给、分配、利用三个环节有效性的判断均是以需求为前提，从供给的数量、分布、质量几个方面去判断供给与需求是否相结合，满足了需求即可判断该过程是有效的。

---

① 程建华、武靖州：《我国公共物品多元化供给问题探析》，《价格理论与实践》2007 年第10 期。

二　城市公共服务配置有效性评价层次的关系

从公共管理学的发展历史来看，公共管理学经历了由传统公共行政学、新公共管理学、新公共服务学的发展历程。在这个历程中，政府的地位发生了较大改变，在传统公共行政学中，凯恩斯倡导"政府干预"的思想成为政府管理的主导思潮，政府的地位是处于主导的地位，建立了由上至下的管理体制，在经济、社会等问题管理中处于掌控地位。随着经济的日益衰落、社会问题逐渐爆发，新自由主义的思潮逐渐风靡，新公共管理学的思想应运而生，该理论虽然将市场竞争引入政府运营中，将企业管理的思想应用到政府管理中，强调政府运营的效率，但是已经注意到了居民的作用，认为达到居民的满意、建立有效运行的政府是政府的重要职责。近些年，世界公共管理领域出现了新公共服务学思潮，该思潮彻底反思了以往公共管理学中对政府地位的探讨，认为政府不应是管理者的角色，而应当承担服务者的职责。居民的权利及利益应当是政府首要关注的，政府不应只强调效率，而更要注重公平性。可见，公共管理学的发展史体现了政府角色的转变，由主导者、管理者向服务者转变，居民的地位日益上升。

本书研究的三个层次：有效供给、有效分配、有效利用印证了公共管理学发展的主线，有效供给、有效分配体现了政府一方的责任和主导，有效利用则体现了居民在公共服务配置中地位的重要作用，随着社会的发展和政府地位的变动，不同时期三个层次之间的侧重点有所不同，体现了由政府供给向越来越重视居民需求的层层递进。在当前服务型政府的转型下，政府对公共服务的配置越来越向有效利用这一层次靠拢，注重居民的需求成为未来城市公共服务的发展方向。

三　城市公共服务配置有效性评价体系的人口学视角

公共服务的发展强调以人为本，那么人口的特征在公共服务的供给中不可忽视。人口学中将人口定义为具有一定数量和质量的群体，那么人口的规模、分布及结构的变化影响着城市公共服务的供给和配置。

西方国家城市化的过程分为四个阶段：城市化、郊区化、逆城市化和再城市化。人口的集聚与分散是城市化过程的一个突出特点，虽然我国的城市化过程、动力等与西方城市化过程并不完全相同，但是在这个过程中，人口的变动是同样剧烈的。自改革开放准许人口自由流动以来，城市间、地区间人口的变动逐渐频繁，尤其是进入21世纪以后，人口的频繁流动导致人口成为影响城市公共服务配置有效性极为活跃的因素。据我国发展改革委统计，2010年年底我国城市化率已经达到47.5%，预计到"十二五"末，这一比例将超过51%。我国目前处于城镇化快速发展阶段①，人口的变动主要体现在三个方面：一、人口规模的变动。外来人口的大量涌入导致常住人口规模的不断扩张，根据第六次人口普查数据统计，2010年上海市人口突破2300万，人口膨胀的势头并未停滞。二、城市化伴随着郊区化，城市圈扩张，人口向郊区扩散的空间移动十分剧烈。自20世纪90年代以来上海市人口空间分布出现了郊区化的趋势。第六次人口普查证实，在十年间上海市人口郊区化的步伐进一步加剧，导致人口向郊区聚集。三、城市化不仅表现农村人口转为城市人口、农村地域转为城市地域，即城市化数量的过程，还表现在城市文化、生活方式和价值观等城市文明的扩散，即城市化质量阶段②。在这个过程中人们的需求逐渐多样化，不同社会层次、不同年龄、不同受教育程度、不同职业的人口在公共服务的需求上出现差异。相对人口规模、空间分布、结构的变化，给公共服务的配置显得更加滞后于人口的变动，给公共服务的配置带来挑战。在本书的三层评价体系中，有效供给关注公共服务与居民需求量的适应性，居民的需求量包括质量和数量，需求总量则是公共服务对应的人口规模，那么有效供给即是从总体上探讨公共服务供给与人口规模之间是否相适用；有效分配是从空间上探讨人口空间分布的状况与公共服务设施配置是否协调；有效利用则是从居民需求的角度探讨公共服务的供给是否与居民的需求偏好一致，其中需要关注不同群体对公共服务偏好的差异，为增进城市公共服务供给的效率提供依据。

---

① 解振华：《以建设低碳生态城市为契机推动绿色低碳发展》，《再生资源与循环经济》2011年第10期。

② 周毅、李京文：《城市化发展阶段、规律和模式及趋势》，《经济与管理研究》2009年第12期。

四 城市公共服务配置有效性评价体系的现实基础

十八大上提出，必须从维护广大人民根本利益的高度，加快健全基本公共服务体系，加强和创新社会管理，推动社会主义和谐社会建设，加强社会建设必须以保障和改善民生为重点，要多谋民生之利，多解民生之忧，解决好人民最关心最直接最现实的利益问题。

胡锦涛同志在政治局第四次集体学习时的讲话，对基本公共服务体系的建设构想划分了三个层次：第一，公共服务体系建设建立在经济发展的基础上，应依据经济发展程度和水平，逐步建设。公共服务体系建设的指导思想是惠及全民和公平公正，但建设步骤要把握水平适度、可持续发展的原则。第二，基本公共服务均等化，是公共服务体系建设的长远目标，也是服务型政府建设的重要价值追求，但也需要逐步实现。应围绕逐步实现基本公共服务均等化的目标，协调处理好公共服务的覆盖面、保障和供给水平、政府财政能力三者间的关系。第三，公共服务体系建设的关键是创新公共服务体制，改进公共服务方式，形成公共服务供给的社会和市场参与机制。通过公共财政、社会组织、企业与家庭的合作，发挥和体现财政资金的公益性价值，提高公共服务质量和效益。这三个层次可以归纳为三点：一是与经济发展相适应；二是基本公共服务均等化；三是提高公共服务的质量和效益。倘若公共服务的配置达到了以上三点，那么就可以说公共服务是有效的。国家基本公共服务体系"十二五"规划中提出，基本公共服务体系的主要目标：第一，供给有效扩大，政府的投入大幅增长，基本公共服务预算支出占财政支出比重逐步提高。第二，发展较为均衡。资源布局更趋合理，优质资源共享机制加快建立，县域内基本公共服务均衡发展基本实现。第三，服务方便可及。以基层为重点的基本公共服务网络全面建立，设施标准化和服务规范化、专业化、信息化水平明显提高，城乡居民能够就近获得基本公共服务。第四，群众比较满意。城乡居民基本公共服务需求表达机制有效建立，服务成本个人负担比率合理下降，绩效评价和行政问责制度比较健全，社会满意度不断提高。

本书对城市公共服务配置有效性评价的三个层次与胡锦涛提出的公共服务体系的建设层次不谋而合，有效供给反映了公共服务的供给随经济发展、居民需求水平的提高而增加；有效分配反映了公共服务的均等化；有效利用则体现效率性，是提高公共服务的质量和水平的基础。这三个层次同样符合国家基本公共服务"十二五"规划的目标，有效供给即要做到供给有效扩大；有效分配即做到资源布局均等化及服务方便可及；有效利用即努力达到群众比较满意。与十八大提出和贯彻的以人为本、改善民生的思路紧密契合。

然而，如果城市公共服务配置能同时满足以上三层评价机制，那么可以说公共服务的供给是最有效的。但是若同时达到这三个标准显然十分苛刻，从这个意义上来说，公共服务的发展是奔向最有效目标的一个过程，并且这个目标也是在不断地发展变化。换句话说，严格达到标准的有效性配置是理想化的状态，本书是希望从这三个方面来评价城市公共服务的现状，找出公共服务供给存在的问题，并加以改进。

第二节　城市公共服务配置有效性的评价目标

有效性是来自市场调查中的概念，指完成策划活动和达到策划结果的程度。公共服务的有效性是指完成或达到公共服务投入目标的程度，如此看来要研究公共服务的有效性还需要明确公共服务的目标。

一　以相对均等为导向的公平

所谓公平即不偏不倚，指所有参与者的各项属性（包括投入、获得等）平均。在福利经济学中公平性是针对收入分配的平等，包括三个方面的内容：收入机会、收入结果和收入实现上的均等[1]。公平性的研究给公共产品均等化提供了重要思路，有的学者将公共产品均等化的理解扩展为四个种类，一是结果平等，要求确保人民享有相同水准的公共服务和社会福利；二是起点或机会平等，关注赋予人民具有同等的条件、权利和机会；三是能力平等，允许不同发展水平和条件的地区可以享受不相同的公共服务水平；四是需求平等，强调对不同的需求给予同样的满

---

① 王桂胜《福利经济学》，中国劳动社会保障出版社 2011 年版，第 69 页。

足才是平等①。

十八大报告中提出了中国特色社会主义的内在要求"权利公平、机会公平、规则公平",结合本书研究的城市公共服务的配置整过程来看,政府对公共产品包括资金的投入和实物产出的投入,如对教育的财政投入,必将形成对学校数量、师资力量的实物投入。在这个过程中,财政投入与产出即做到起点的均等,由于城市是一个开放的区域,人口的构成复杂,涉及不同户籍、不同年龄的人群,起点的均等即要给予不同类型人群相同地享受公共服务的权利,不能因为户籍的差异而区别对待;机会的均等,是指公共服务在分配过程中,在服务设施的分配上使得每个群体所享受同等机会的公共服务,即公共服务可及性、可获得性的均等;结果均等,每个个体是不相同的,即便是配置绝对均等的公共服务,每个居民所感受到的公共服务效果也并不相同,为了不断增进社会福利,公共服务的投入需对公共服务的需求进行划分,依据不同的需求给予不同的对待;能力的均等主要是指不同经济发展水平及阶段,公共服务的投入不同。经济发展水平的不同阶段,居民所需的公共服务的水平不同,公共服务的配置也需要与之相适应②,纵向均等化的研究也可以看成公共服务供给的时效性问题,即不同的时期公共服务供给的标准不同,公平性的判断也有差异。

二　以结果为导向的效率价值判断

所谓效率是指社会能从稀缺资源中得到最多的东西,如果经济可以利用它所得到的全部稀缺资源,那么就可以说这种结果是最有效的③。经济学中认为资源配置达到帕累托最优状态则是有效率的。在现实应用中,对公共服务效率的判断常用"成本—收益"法,该方法将政策实施所获得的收益和付出的资金进行核定,然后进行比较。3E 标准延续了"成

---

①　项继权、袁方成:《我国基本公共服务均等化的财政投入与需求分析》,《公共行政评论》2004 年第 3 期。

②　冉光和、张明玖、张金鑫:《公共服务供给与经济增长关系区域》,《财经问题研究》2009 年第 11 期。

③　［美］曼昆《经济学原理》（原书第 3 版上册）,梁小民译,机械工业出版社 2005年版,第 97 页。

本—收益"方法对公共服务效率的评价，将经济性（economy）、效率性（efficiency）、效果性（effectiveness）纳入对政府公共服务的评价体系中。经济性即投入成本的最小化程度，效率性指在既定的投入水平下使产出最大化，或在既定的产出水平下使投入水平最小化，效果性表示一定投入水平下的产出量对实现组织目标的影响程度。这三个层次层层递进，可简单地表述为以最少的投入，使产出最大，并达到最满意的效果。

那么在投入一定的条件下，检验效率的标准无非是效率性与效果性，一是产出最大化，从公共服务的角度来看，即同一公共服务覆盖的范围越广，服务的对象越多，那么便是越有效率的。在本书研究的教育、医疗、文体、养老资源中，政府对基本公共服务有全覆盖的要求，如义务教育资源需要全覆盖、社区服务中心，覆盖率越广，说明基本公共服务的可及性越高，居民使用公共服务越方便有效。二是效果的达到程度，可以说如果公共产品的投入达到了最初的目标，那么对个体而言即实现了个体效用的最大化，对整体而言即达到了帕累托最优，这样的公共产品的供给则是有效的。

目前对效果的评价有两种方式：一是传统的投入产出评价，如对医疗资源、体育资源的投入，预期寿命的提高是其产出，教育资源的投入使教育程度提高；二是在新公共管理思想出现以后，将公众视为顾客，那么政府对公共服务的投入就应以"顾客为上帝"，将"顾客"的满意度放在首位，也即经济学中所称的效用。具体来说，公共产品作为一种产品，虽然在性质和配置上与私人产品的供给存在许多差异，但是政府作为公共产品的供给方，居民作为消费方，从供求关系上与私人物品的供需存在一定相似性。私人产品总剩余是人们对该产品的评价减去成本，这种评价是通过货币选票机制实现的，居民对公共产品价值的评价有类似的机制，通过显示偏好来评价公共产品的使用价值，如通过使用的频率或通过机会成本来推导；同时还可以通过表达偏好的方法来评价公共产品的非使用价值，如或有评价法或心理学方法等[①]。一般来说，随着经济的发展、社会的进步，预期寿命、受教育程度均会有所提高。这些客

---

① 李成威：《公共产品的需求与攻击——基于评价与激励理论的分析框架》，《财政研究》2005 年第 5 期。

观指标的提高，不仅是医疗、教育投入的结果，也是许多因素共同作用的结果。随着政府角色向"服务型政府"的转变，居民对公共服务的评价至关重要，也逐渐纳入政府公共服务供给的绩效考核中。基于此，本书采用居民对公共服务的评价来反映公共服务的效果，符合目前公共服务"以人为本"的理念。

三　有效性是公平与效率的统一

一直以来，公平与效率的关系都是经济学家关注的焦点，二者正如天平的两端，一方翘起必然会造成另一方压低。关于二者的关系有几种论点：一是效率优先，真正的"公平"只有通过市场竞争才能实现，收入的不均等是经济不断增长的动力[①]。二是公平优先，公平是社会正义的代表，而市场竞争机制不能达到收入的公平分配，是不可取的[②]。三是二者折中的方式，这种方式既体现效率，又不忽视公平，在这个过程中需要遵循两个原则，第一最大自由原则，即每个人都有获得平等的权利；第二差异原则，根据每个人的能力，允许存在差异[③]。厉以宁认为，在起点上需要注重公平，即机会的均等，使大家在同一起跑线上竞争，按照自己的能力进行公平竞争，如此一来可能会造成结果上的不公平，但这种差距只要是合理的，就可以成为经济增长的动力[④]。

由此可见，公平与效率的目标是一致的。二者实际上也并不矛盾，公平中要注重效率，效率中又不失公平。在公共物品供给的过程中，不同阶段的侧重点不同，起关键作用的原则也会有不同。有效供给、有效分配是公共服务配置的初期，公平性占主导，需要注意的是公平性的判断都要基于两个及以上对象，通过比较而得，没有比较就无法判断何为公平。有效利用则是以居民消费公共产品的评价及结果为导向，体现了公共服务的效率性。这两者是公共产品供给的主要原则，也是历来萦绕

---

① ［美］弗里德曼：《资本主义与自由》，张瑞玉译，商务印书馆2004年版，第104页。

② ［美］约翰·罗尔斯：《正义论》，何怀宏等译，中国社会科学出版社2001年版，第201页。

③ 中共中央编译局：《法国学者博瓦耶论社会公正和经济效益的关系》，《国外理论动态》1995年第5期。

④ 厉以宁、吴易风、李懿：《西方福利经济学述评》，商务印书馆1984年版，第57页。

在公共产品供给中既矛盾又统一的两个方面。若要实现绝对公平可能会损失效率，而仅考虑效率性则达不到公平性，公共服务供给的均等化也需要考虑居民的需求和地区的能力，按需按能分配，最有效的公共物品的供给即达到帕累托最优，也可以看成最为公平的分配。可见，最有效的公共物品供给即达到公平性与效率性的统一，这两个原则贯穿于公共物品配置的全过程。

第三节　城市公共服务配置有效性的指标构建与分解

一　城市公共服务配置有效性的一级指标体系的内涵

基于以上的政界和学界中对公共服务配置有效性的研究，本书对公共服务有效性的判断分为三个层次，即本书的一级评价指标：一、有效供给，主要讨论城市公共服务供需之间的适应性，即城市公共服务的投入是否随着居民的需求不断增长；二、有效分配，从空间上考虑城市公共服务设施的配置与目标人群之间的协调性；三、有效利用，以结果为导向，分析居民对公共服务的评价，研究公共服务供给是否与居民需求偏好相契合。

1. 有效供给评价

在福利经济学理论中，林达尔均衡、萨缪尔森均衡和庇古均衡等理论试图探讨公共服务供给的一种帕累托最优状态，通过私人物品与公共服务之间的博弈，找到公共服务供给的最佳规模，然而任何均衡的状态只是一种理想的状况，尤其在公共服务领域中，由于有效需求缺乏约束，存在"搭便车"行为，因此比私人物品均衡状态更难达到。布坎南等人认为公共服务的供给要以需求为依据，并将公共选择理论引入公共服务的需求表达过程中，此后的学者在此基础上建立了关于财政供给规模的函数，认为公共服务的供给取决于公共服务的需求，与需求量相一致，有效供给即探讨公共服务的供给与居民需求数量和水平的适应性。

2. 有效分配评价

古典区位理论认为任何商品的供给具有一定的服务半径，随着服务半径的扩大，中心地的辐射力不断下降，服务能力衰退，城市公共服务设施的配置亦遵循该理论。正如在市场营销中，私人物品通过市场细分来把握目标市场，了解消费者的不同需求、爱好、购买能力。在公共物品的供给中，也有类似的市场细分的状况，如医疗资源服务全体居民；基础教育资源服务适龄儿童；养老资源服务老年人口。公共服务分配的过程一般是针对固定的服务人口设置一处公共服务设施，在这个过程中要求公共服务设施配置与其服务对象群体相匹配，本书有效分配即指公共服务配置与需求之间的空间匹配性。在公共服务配置的不同过程中，公平性与效率性也有所侧重，针对同质性市场，公平性原则占主导地位，实现机会的公平性，为每个公民提供同等的享受公共服务的权利，如何体现机会的公平？从供给的角度来看，表现在公共服务设施分配均等化，体现了公共资源获得权利的公平性；从需求的角度来看，表现在居民使用公共服务的方便可及性，体现了公共资源的可获得性。

3. 有效利用评价

利用一词本身就包含了物尽其用的意思，使事物或人发挥效能即为利用，有效是指能实现预期目的，那么有效利用公共服务则是指公共服务的供给达到预期目标，实现物尽其用，没有浪费。有效利用侧重于效率性原则。如前文所述，效率强调的是以最少的投入得到最大的产出，达到最满意的效果，由于本书并不考虑公共服务的财政投入问题，即在现有经济投入的状况下，去评价产出是否与居民的需求相适用，那么效率性即转化为最大产出与最满意效果两个问题。最大产出即城市公共服务的覆盖度，在有效分配的评价体系中衡量，那么有效利用的评价则是回答另一个问题，评价效果达到的程度。由于不同文化程度、不同社会背景的人对公共物品的需求不同，这种主观差异性是客观存在的，即使在相同起点的条件下，也会产生不一样的结果，也即在公共物品的消费之后产生不同的反馈。如布坎南认为的效率完全是个人主观的感受，因此对个人而言，只要是按自己意愿行事，那就是增进个人效用，具有配置效率。至于整个经济活动的效率，只要所有的人都未受到强迫，都是按自己意愿行事，自愿交换，那么这一经济活动就具有配置效率[①]。有效利用是居民在对享受公共服务以后，反映出的对公共服务使用效果的评

---

① 吴忠斌：《农村公共政策形成机制》，中国农业出版社 2005 年版，第 46 页。

价，去判断城市公共服务配置的种类及质量与居民的需求偏好的协调性。这是评价公共服务供给是否有效的最后一环，公共服务的供给如果达到了居民较好的评价，那么即认为是有效率的，反之则是无效率的。根据帕累托改进原理，在不损害一部分人的福利下，根据居民的需求配置公共资源，去增进另一部分人使用公共服务的满意度，那么就是有效率的。

二 城市公共服务配置有效性的二级指标体系：有效供给的评价体系

1. 有效供给指标选取的原则

公共服务的供给一般是指政府提供的公共服务设施、相关的硬件软件的投入。指标的选取遵循几个原则：一、产出指标，福利经济学中采用成本收益分析方法决定公共服务的生产决策。公共服务的成本即财政投入，产出即实物产出，或一些外部效用，本书研究的目的是城市公共服务与居民需求之间的协调性，如用财政投入作为指标，将会忽略了政府在公共服务中的提供效率，引入另一个关于公共服务的投入效率问题，因此以产出结果进行衡量更加合理①。并且本书采用直接产出指标，比如，教育的直接产出学校、教师和办学条件等，医疗资源的直接产出医院、医生，而不采用受教育程度、预期寿命等间接指标，直接指标与每个时期的财政投入较具有一致性，而间接指标是长期累计得出的结果，且多为其他因素共同作用的结果。二、存量指标，由于公共服务投入量在软件和硬件方面的差异，可能会出现某些年份公共服务集中在硬件投入上，某些年份集中在软件投入，造成了每年投入量存在较大的差异，采用存量指标即可避免上述情况。三、硬件与软件投入指标兼顾，一般来说公共服务包括设施的投入及服务的投入，在指标的选取上，尽量选取二者都兼顾的指标来综合反映公共服务的投入状况。四、数据可操作性原则，本书在研究中，既有横向数据，对全国262个城市公共服务水平的判定，又有纵向数据，2000—2010年的公共服务水平的测量，因此在指标选取中，尽量选择可采集、可测量、可对比的指标，尽量与经济发展及社会规划的发展指标相关联，增强指标的现实意义。

---

① 王伟同：《公共服务投入决策与产出效果的互动影响》，《财经科学》2010年第10期。

2. 人口规模对指标选取的影响

目前我国处于城市化快速发展的时期，人口向大城市的聚集给城市的公共服务供给造成了较大压力。以上海市为例，第六次人口普查显示上海市常住人口2302万人，与第五次人口普查相比，十年间总人口增长了37.53%，年平均增长63万人，年平均增长率为3.24%。在全市常住人口中，外来常住人口898万人，占总常住人口的39.0%，十年间外来常住人口增长159.08%，年增长率为9.99%①。可见，一个城市公共服务的对象不再只是户籍人口，外来人口规模不可忽视，因此公共服务的对象应当面向全体常住人口，人口规模的多少影响居民实际所得的公共服务，因此本书有效供给中的指标以常住人口为口径，采用人均指标反映公共服务的供给状况。

3. 有效供给指标的选取

国家社会养老服务体系的"十二五"规划中明确提出，我国的社会养老服务体系主要由居家养老、社区养老和机构养老三个部分有机组成，社区养老服务是居家养老服务的重要支持，在规划中提出至2015年，居家养老和社区养老服务网络基本健全，但并未提出相关的指标体系。从全国城市的发展现状来看，仅一些沿海发达城市开展了居家养老服务，各地区衡量的指标并不相同，且由于居家养老实施的时间较短，指标也不具连贯性，因此居家养老服务目前无法纳入评价体系中。机构养老参考"国务院办公厅关于社会养老服务体系建设规划（2011—2015）中的养老服务指标"——千名老人床位数，国家"十二五"规划、各省市"十二五"规划中均使用该指标。

在国务院关于印发卫生事业发展"十二五"规划的通知中，卫生事业发展指标体系包含的内容比较多，分为疾病预防控制、妇幼卫生、卫生监督、医疗保障、卫生资源、医疗服务和卫生费用等几项指标。本书研究的内容主要是指其中的医疗服务资源的供给状况，与"十二五"规划中的卫生资源接近，选取其中的千人职业医师数、千人医疗机构床位

---

① 《上海市2010年第六次全国人口普查主要数据公报》。（http://www.stats-sh.gov.cn/sjfb/201105/218819.html）

数两个指标。

2003 年我国颁布了《公共文化体育设施条例》，对公共文化体育设施的定义是，由各级人民政府举办或者社会力量举办，向公众开放用于开展文化体育活动的公益性图书馆、博物馆、纪念馆、美术馆、文化馆（站）、体育场（馆）、青少年宫、工人文化宫等建筑物、场地和设备。如果说医疗、养老资源供给的评价指标尚具有共同点，那么公共文化体育的评价指标就更趋多元化。《中国城市公共服务指数 2010》中关于公共文化投入的指标采用万人拥有图书数量，在《2010 年上海文化蓝皮书》中，国际图联制定的公共图书馆标准①，采用万人图书馆数量及人均图书馆藏书量两个指标衡量公共文化的投入，这两个指标反映了文化的软硬件投入，但是由于图书馆大小不一，服务人群的半径不同，如果以人均图书馆数量来衡量公共文化的硬件投入，在城市间不具可比性，本书主张用人均公共文化场所面积来替代。在上海体育事业与体育产业发展"十二五"规划及其他地区"十二五"规划中，体育发展主要指标包括全面建设、竞技体育、体育产业、体育竞赛、业余训练与体育保障几个方面，其中人均公共体育场地面积与本书的公共体育相关。

基础教育借鉴联合国教科文组织出版的《世界教育报告》关于教育供给的指标，用于教育的公共支出占 GDP 的百分比、公共教育开支占政府公共总开支的百分比，各级教育公共日常经费开支，师生比、女教师所占百分比。北京教科院根据 OECD 指标体系建立首都教育体系评价指标，投入教育的财力与物力包括教育经费支出占国民生产总值的比例、教育财政支出、各级政府的公共教育资金、教育从业人员、师生比。总的来看，对教育的投入也分为财力、人力投入。人力投入争议较小，一般采用师生比，财力投入包括物力投入，由于本书不考虑财政投入的状况，因此财力的投入转化为物力投入，借鉴《国务院关于进一步加强农村教育工作的决定》中衡量办学条件的指标：生均校舍面积反映教育资源硬件的投入状况。

---

① 国际图联制定的公共图书馆标准：平均 2 万人左右拥有 1 所图书馆，人均图书馆藏书量 2 册。

表 3 – 1　　　　　　我国城市公共服务配置有效供给的指标体系

二级指标	三级指标	方法
基础教育	幼儿园生均校舍面积	通过面板数据分析方法得出各城市教育资源有效供给值
	小学生均校舍面积	
	初中生均校舍面积	
	幼儿园师生比	
	小学师生比	
	中学师生比	
公共文体	万人拥有公共图书馆图书数量	通过面板数据分析方法得出各城市文体资源有效供给值
	万人公共文化场地面积	
	万人公共体育场地面积	
医疗卫生	每万人床位数	通过面板数据分析方法得出各城市医疗资源有效供给值
	每万人医生数	
养老	每万名老人床位数	通过面板数据分析方法得出各城市养老教育资源有效供给值

4. 有效供给的评价方法

本书采用 2000—2010 年上海、苏州、大连三个城市的数据，建立面板数据回归模型，分析城市公共服务供给水平是否与需求相一致。首先需要确定城市公共服务的供给水平，建立测量城市公共服务水平的指标体系，然后根据熵值法分别计算出各三级指标的权重，得出各项公共服务水平的一个综合得分作为因变量，与需求变量共同带入模型，求出供需适应性的固定效用值，即为有效供给评价得分。

三　城市公共服务配置有效性的二级指标体系：有效分配的评价体系

1. 有效分配指标的选取及评价方法

有效分配是从空间的角度，探究城市公共服务设施与目标人群之间的匹配性，从城市规划理论的角度来看，一个合理的邻里结构需要有相应的学校、医疗等公共服务设施与之相对应。中心地理论指出，商品的供给有一定的服务半径，随着中心地距离的不断扩大，中心地的服务强度不断减弱。于是在城市公共服务分配的规划中，不同等级的公共服务均有服务的人群及地域范围，公共服务的分配则需要以服务人口总量的多少进行设置。有效分配强调两个方面，一个是可及性，即从距离上探讨公共服务是否方便可及的；另一个是均等性，即否每个居民获得同等的享受公共服务的权利。

第一，均衡性。每个居民所获得公共服务的机会是均等的，但实际上不同社区公共设施并不能按照理论的要求精确地配置，甚至有时候城市地区间同一种设施的配置差异较大，这就需要去判断地区间这种差异存在的大小，差异越小不同区域居民得到的公共服务越一致，越能体现公平投入的原则。在地理学中关于公共服务设施空间的研究多采用可达性来衡量，即居民达到公共服务设施的方便程度[①]。城市可达性的度量方式有两种，一种是比例法，即计算设施数量与人口的比值，比值越高可达性越好；另一种是距离法，以交通网络为基础，居民离最近公共服务设施的距离越近可达性越好。前一种是测量机会的可达性，即每个居民获得的公共服务机会的情况，后一种测量是实际距离的可达性，若采用距离法，则对地广人稀的郊区来说不占优势，且本书是从人口学视角来分析的，希望研究区域间居民获得公共服务的机会均等，因此选取比例法分析城市各区域之间公共服务设施与人口的结合状况更为合理。在经济学中，基尼系数的方法常被用于收入不均等的测量，当前基尼系数的方法也被引用在公共服务领域，综合衡量城市不同区域间公共服务配置的空间差异。一般来说，在城市中公共服务的配置是以行政区域为单位的，因此在本书通过计算城市内部各区县人均公共服务拥有量的基尼系数，来衡量公共服务空间分配的均等化，人均公共服务拥有量的指标主要还是参考有效供给中的指标，然后计算各个区域的公共服务基尼系数，基尼系数得分越高，可以说明地区间、不同级别资源间的利用率差异越大，资源分配与居民的需求差异越大。

此外公共服务设施的空间分布不仅要讲究数量上的均衡，也要考虑

---

① 宋正娜、陈雯、张桂香、张蕾：《公共服务设施空间可达性及其度量方法》，《地理科学进展》2010 年第 10 期。

质量上的均衡，不同质量公共服务设施的空间差异会导致居民跨区域选择，造成许多社会问题，比起数量的均衡性，公共服务质量的均衡成为当前居民更为关注的热点，优质资源主要存在于教育资源及医疗资源中，但二者又有很大不同。优质教育资源主要是指实验幼儿园、重点高中教育，在义务教育阶段是均等化配置的，不存在优质资源，但由于种种原因在社会上却流行"重点小学""重点初中"的说法，因此有必要考虑优质教育资源的存在及问题，但是由于教育资源是按户籍地及常住地进行划片就近入学的，片外人口并不能挤占本地资源，这与医疗资源的状况完全不同。

优质医疗资源主要是三级医院，它是开放性资源，居民可以自由选择就诊，优质医疗资源存在的问题是一方面资源统计在本区域内；另一方面外区人口挤占了大部分资源。为了较明确地区分优质医疗资源的实际分布，本书将重新估计上海市医疗资源的分布状况。首先要明确上海市优质医疗资源的服务人群，第一部分是本区县内的居民；第二部分是外区县的常住人口；第三部分是因为医疗资源优势吸引的、以看病为目的来沪的非常住人口。如果有确切的三级医院就诊居民居住地、居住时间的信息，那么就可以据此判断出三级医院的实际享有群体，得出本区居民对优质资源的实际拥有量，但是这种信息是不可得的，尤其来沪看病的非常住居民，那么在估计的时候，我们只能假设这部分人群是较少的，忽略他们对本市优质资源的占用。具体采用两种方案：一、考虑地域的可及性，市区的三级医院资源平分到市区各个区县，郊区由于地域广泛，各区域三级医疗资源依然计算在本区域内；二、进一步扩大市级医院的服务半径，其服务功能是为全市人民服务的，那么需将市级医疗资源平分到上海市各个区县。

第二，可及性。资源的空间配置不仅是公平的，还要是方便可及的。城市公共服务与居民的基本生活密切相关，居民获得公共服务越方便，使用就越有效率。可及性研究在医疗卫生服务中使用得多，从研究维度上包括潜在可及性、实现的可及性、平等的可以性、有效的可及性、有效率的可及性[①]。从研究内容上包括距离的可及性、机会的可及性、实际

---

① 陈英耀、王立基、王华：《卫生服务可及性评价》，《中国卫生资源》2000 年第 6 期。

中的可获得性，等等。本书探讨的有效分配是公共服务供给与人口分布空间上的匹配性，主要考虑到的是空间距离上的可及性，在地理学中空间距离的可及性与可达性概念一致，一般采用 GIS 分析距离的远近，由于数据的限制，本书可及性采用公共服务的覆盖率来反映。之所以采用该指标理由如下：一般来说，居住社区有一定的规模，如上海市城市规定的居住地区人口规模为 20 万人，居住区 5 万人，居住小区为 5 万人，街坊人口为 0.4 万人左右[①]。居住社区形成了城市最基本的空间单位，理论上说相同等级的居住社区的规模差异不大，而城市公共服务的分配也多是以居住社区为单位的，如上海市规定每个居住区至少设置一所福利院；每个街道（乡镇）应当设有一所由政府举办的社区卫生中心，人口超过 10 万的街道（乡镇），每新增 5 万—10 万人口，由政府按标准增设 1 所社区卫生服务中心[②]。这样的设置既考虑了空间元素，又考虑了人口因素，那么只要是能够达到标准的街道，即可以说在现阶段的规定下，公共服务是方便可及的，由此可见覆盖率在一定程度上反映了居民使用公共服务的方便程度。

在国家基本公共服务"十二五"规划中，主要强调以基层为重点的基本公共服务网络全面建立，基层公共服务网络覆盖率越高，服务越方便可及。虽然本书并不限于基本公共服务的范畴，但包含部分基本公共服务体系，如社区卫生中心、义务教育。在医疗服务方面，进入 21 世纪以后，我国明确了完善三级医疗体系的目标，重点发展初级医疗服务机构社区卫生中心的建设，社区卫生服务中心的覆盖率成为各地区基层卫生公共服务体系建设的重要核算指标，如苏州市在卫生事业发展"十二五"规划中，明确提出了卫生事业发展指标体系及目标，其中社区卫生服务普及率是衡量卫生服务状况的主要指标之一。在教育资源方面，教育资源的方便可及体现了机会公平的原则，与基本医疗资源不同，并不采用覆盖率的概念，由于义务教育是就近入学，按居委会甚至更小的范围进行划片，覆盖率相对更高，那么在考虑义务教育可及性的时候，采

---

① 《上海市城市居住区和居住区公共服务设施设置标准〈DGJ08－55－2006〉》。（http://www.docin.com/p－419759411.html）

② 《关于印发〈上海市社区卫生服务中心新一轮发展设置基本标准〉的通知》。（http://wenku.baidu.com/view/2469454ae518964bcf847c97.html）

用联合国教科文组织使用的入学率指标——指某一级教育学龄人口中，进入同一级学校的在校学生数占某一级教育学龄人口总数的比率——综合反映受教育机会的可及性和普及程度。

表3-2　　　　我国城市公共服务配置有效分配的指标体系

二级指标	三级指标		四级指标	方法
空间配置 均等化	教育	幼儿园	校舍面积与在校学生	通过各城市资源 与人口的比值得 出各城市资源的 基尼系数
			专任教师与在校学生	
		小学	校舍面积与在校学生	
			专任教师与在校学生	
		中学	校舍面积与在校学生	
			专任教师与在校学生	
	文化		社区公共文化设施面积与人口比	
	体育		社区体育设施面积与人口比	
	卫生		卫生机构床位数与人口比	
			医生数与人口比	
	养老		养老机构床位数与老年人口比重	
服务可及性	教育		幼儿园入学率	—
			小学入学率	
			初中入学率	
			高中入学率	
	医疗		社区卫生服务中心覆盖率	

2. 人口分布对指标选取的影响

在城市内部，人口的空间分布对公共服务分配的影响表现在：一、城市各区县之间人口的分布不同，公共服务的供给多是以区县为单位的，二者共同导致不同区县之间人均拥有公共服务的数量不同。二、城乡人口差异。在当前的城市化进程中，大城市出现人口向郊区的导入，而资源的分布往往与之相反，中心城区资源成熟、郊区公共服务薄弱，使得城乡公共服务配置的状况出现较大不同，因此在空间均等化的配置中，将单独分析优质资源的城乡差异现象。

四 城市公共服务配置有效性的二级指标体系：有效利用的评价体系

1. 有效利用指标的选取及评价方法

有效利用是以结果为导向的，是居民在使用公共服务之后，对公共服务的总体评价。如果是符合个人心意的，那么还会产生下一次使用，有效利用的分析是通过各种方式对居民使用公共服务结果的评价。有学者将这个过程的评价方法分为两种：显示偏好方法和表达偏好方法。

显示偏好方法也称为"行为评价方法"，是通过观察消费者的行为推导出他们对公共产品的评价，包括交通成本法、资本选择法、投票评价法。交通成本法是通过了解人们对消费公共产品花费的交通成本推导人民对公共产品的评价；资产选择方法是通过比较不同环境下的资产价值推导该环境的价值；投票评价法是通过居民的选举投票进行分析，这三种方法均是用间接的方式测量居民的行为来判断他们对公共物品的偏好。表达偏好方则是通过提问的方式了解消费者对公共产品的评价，包括或有评价法、心理学评价法。或有评价法是通过问卷设计，促进公共产品的消费表达其愿意为公共产品支付的货币价值；心理学评价方法则是研究人们对公共产品的评价，包括数量估计方法和等级划分方法①。

简单地说，显示偏好法与表达偏好法二者均是对居民偏好的揭示，显示偏好法是对居民客观行为的评价，表达偏好则是对居民主观意愿的分析，因此本书借鉴两种分析方法，通过分析居民对公共物品的使用率来直接反映居民显示偏好，如果居民对公共服务满意，那么就会多次使用公共服务，公共服务的使用效率就高。教育资源中采用班额达标率来反映居民对教育服务的利用程度；同时通过问卷调查了解居民对公共服务品使用的满意度，以此来反映居民的主观表达偏好。

确切地分析，显示偏好是一种客观的指标，表达偏好是一种主观的指标，主观指标与客观指标各有优缺点，客观指标易于测量、比较稳定，可信度高；主观指标是人的直接表现，效用性很强，但可信度低、易变化，把主客观指标结合起来，可以使我们在对两者的比较中更深刻地认

---

① 李成威：《公共产品的需求与供给——基于评价与激励理论的分析框架》，《财政研究》2005 年第 5 期。

识社会①。

2. 人口因素对指标选取的影响

需要注意的是，由于城乡人口、公共服务供给的差异，导致城乡公共服务配置不同，使得居民对公共服务的使用效果及评价也有所不同，因此在测量显示偏好的时候，有必要分别测量城乡公共服务设施的利用率。在表达偏好的使用中，主观指标满意度的使用，可以反映不同阶层人民在同一生活水平或不同生活水平条件下不同的生活态度以及在现有水平上更高的需求，反映人民对社会经济政策的评价，这些是客观指标无法企及的效果，但是由于主观指标受到被调查者在不同时空的主观态度、思想意识、价值观念变化的影响，因而对不同时空的调查结果进行对比的时候，需要审慎行事②。由于主观指标的特殊性，在保证代表性的时候，特别要注意被调查人的主观心理状况和文化结构③。不同层次、不同文化程度的群体，对社会问题、经济现象的看法有所不同，导致主观评价的差异。一般来说外来人口、户籍人口由于在生活背景、文化程度上存在较大差异，两个群体对公共服务的评价存在较大的不同，本书在进行满意度调查时，分别计算户籍人口与外来人口的满意度。

表 3 – 3　　　　　我国城市公共服务配置有效需求的指标体系

二级指标	三级指标	四级指标	方法
显示偏好	教育	班额达标率	分别计算 城乡公共 服务的利 用率
	医疗	医院床位利用率	
		社区卫生中心利用率	
	养老	养老机构床位利用率	
	文体	文化体育设施利用率	
表达偏好	教育	教育资源满意度	分别计算 户籍人口、 外来人口 的满意度
	医疗	医疗资源满意度	
	文体	文体资源满意度	
	养老	养老资源满意度	

---

① 李强：《论主观社会指标及其在我国的应用》，《社会学研究》1986 年第 6 期。
② 王心赤、李朝鲜：《主观指标开发使用中几个值得注意的问题》，《统计研究》1987 年第 6 期。
③ 叶震：《关于主观指标统计调查的几个问题》，《统计研究》1988 年第 5 期。

由此，以公共服务配置的过程为主线，本书形成有效供给、有效分配、有效利用的量化测量体系。在这个体系中，充分考虑了人口状况对公共服务配置的影响，并且体现了公平与效率的有效结合。具体指标及研究方法如表3—4所示。

表3－4　　　　城市公共服务配置有效性的评价体系及方法

一级指标	二级指标	三级指标	四级指标	方法
有效供给（城市公共服务供给水平与居民需求的适用性）		基础教育	生均校舍面积	通过面板数据分析方法得出各城市固定效用值
			师生比	
		公共文化	万人拥有公共文化场馆面积	
			万人拥有图书馆数量	
		公共体育	万人拥有公共体育场面积	
		医疗卫生	每万人床位数	
			每万人医生数	
		养老服务	每万名老人床位数（张）	
有效分配（城市公共服务配置与服务对象的匹配性）	空间的均等化	教育	校舍面积与在校学生比	通过各城市资源与人口的比值得出各城市资源的基尼系数
			教师数与在校学生比	
		文体	社区公共文化设施面积与人口比	
			社区体育设施面积与人口比	
		卫生	医生数与人口比	
			床位数与人口比	
		养老	养老机构床位数与老年人口	
	服务可及性	教育	幼儿园入学率	
			小学入学率	
			初中入学率	
			高中入学率	
		医疗	社区卫生服务中心覆盖率	

续表

一级指标	二级指标	三级指标	四级指标	方法
有效利用 （城市公共服务 供给与居民 需求偏好的 协调性）	表达偏好	教育	教育资源满意度	通过问卷分别得出 户籍人口、外来人 口的满意度得分
		医疗	医疗资源满意度	
		文体	文体资源满意度	
		养老	养老资源满意度	
	显示偏好	教育	班额达标率	分别计算城乡公共 服务的利用率
		医疗	医院床位利用率	
			社区卫生中心床位利用率	
		养老	养老机构床位利用率	
		文体	文化体育设施利用率	

本章小结

在国内外研究的基础上，本书借助社会产品交换过程，在福利经济学、公共管理学的理论基础上，从有效供给、有效分配、有效利用三个层次试图对城市公共服务的有效性进行评价，每个层次分别从公共服务供给与人口总量、人口分布、人口结构的角度试图解释人口学因素在公共服务配置过程中的作用及影响。

有效供给是从纵向角度，分析城市公共服务供给与居民需求数量的适应性，本书采用面板数据的方法，分析2000—2010年城市公共服务水平与居民需求的水平与总量之间是否适应。

有效分配是从空间的角度，分析城市内部公共服务设施配置与服务对象之间的空间匹配性，主要从城市公共服务设施配置的空间均等化及服务可及性两个维度来分析，在均等化的分析中采用基尼系数的方法，研究公共服务设置与人口之间配置是否公平。

有效利用是从微观的角度，分析城市公共服务供给种类及质量与需求偏好类型的协调性，从显示偏好及表达偏好两个维度进行测量。显示偏好主要通过观察居民对公共服务的使用效率来反映居民的偏好；表达偏好主要是借助顾客满意度理论，采用调查问卷的方法来反映居民使用公共服务的满意度及不同居民的需求偏好。

　　本书希望从三个层面对城市公共服务供给有效性进行评价，找出城市公共服务供需之间存在的矛盾及问题并揭示背后的原因，试图提出城市公共服务配置有效的路径。

第四章

我国城市人口与公共服务供给现状

在快速城市化背景下，人口成为较为活跃的变动因素，城市公共服务的配置必须以人口为前提，充分协调人口与城市公共服务配置之间的关系，才能使公共服务配置合理有效。在文章实证分析之前，有必要对我国城市人口及公共服务供给的现状进行梳理及分析，为文章提供一个宏观的研究背景。本章将首先梳理我国城市公共服务供给的制度变迁，为城市公共服务的分析提供背景依据；其次根据第五次、第六次人口普查数据，分析我国城市人口变动的整体特点，总结人口分布规律；最后根据已有的有效供给指标体系，分析我国城市公共服务供给的空间分布特点。

第一节　我国城市公共服务配置的制度变迁

现代公共财政实质上是一种"效率财政"，能否建立有效的政府和财政是现代公共财政建设成败的关键[1]，也是公共服务有效分配的前提。然而除此之外，供给制度、管理体制的选择也都会给公共服务配置的有效性造成影响。基于这种情况，本书通过梳理我国城市公共服务供给的制度变迁，归纳公共服务供给、管理方式和配置的特点等，把握公共服务供给、配置、需求的现状，在提供背景框架的同时，也为揭示阻碍公共服务供给有效性的深层次原因提供依据。城市公共服务的每一次变迁都与社会的变迁紧密相连，从现有的文献来看，将我国公共服务供给的发

---

[1]　马国贤：《中国公共支出与预算政策》，上海财经大学出版社 2001 年版，第 96 页。

展主要分为以下几个阶段。

一 改革开放前以政府为主导的单一供给

社会制度决定了经济制度，新中国成立初期我国通过对私有制经济的改造，逐步确立了社会主义国家制度。在计划经济时代，我国主要效仿苏联的模式，公共服务供给的主要特征是统一规划、统一管理。在教育方面，国家通过对旧教学制度和设施的改造，对现有的大、中小学实行国有化，教学经费主要来自国家税收，并进行严格的控制。1951 年颁布了《政务院关于改革学制的决定》，该决定规定"实施幼儿教育的组织为幼儿园……幼儿园应在有条件的城市中首先设立，然后推广，在初等教育与中等教育方面均分别设立了针对适龄儿童小学、中学，及针对青年、成人的工农速成学校、业余学校"。新中国成立之初，我国迅速建立了较为完善的教育体系，教育的重点目标是提高广大人民整体的基础文化水平，因此基础教育受到党和国家的特殊关注。1954 年全国人民代表大会一届一次会议通过了《中华人民共和国宪法》，规定了"中华人民共和国公民享有受教育的权利"，进一步确立了教育对广大人民群众服务的目标。然而，与基础教育有所不同的是，此时幼儿园教育并未受到足够的重视。1973 年 5 月财政部颁布了财企字第 41 号文，该文规定，幼儿园归属后期服务开支的准则，强化了幼儿园和托儿所的单位福利属性，幼儿园教育支出有四种渠道：政府和事业单位按照中央规定的人员编制和供给标准开支，列支在政府和事业单位的经费中，带有非常强烈的老根据地色彩；企业中用"合理留利"的方式，给企业留下等于某一社会平均利润率的计划利润；街道给不能纳入单位制度的城市市民提供服务；农村采取集体兴办的方式，未纳入国家统一分配体系①。"文化大革命"时期，我国教育投入成为秩序紊乱的重灾区，基础教育主要以政治学习为主②，一度出现停滞。

在医疗体系方面，新中国成立了城乡三级服务体系，城市中市区两

---

① 曾晓东、周惠：《城市幼儿园教育体制改革问题的提出及改革建议》，《幼儿教育》（教育科学版）2009 年第 3 期。

② 孙燕：《我国教育政策变迁研究》，《山西财经大学学报》（高等教育版）2010 年第 13 卷第 4 期。

级医院、街道门诊组成了三级医疗体系及卫生防疫体系，农民采用以县
医院为龙头、乡镇医院为枢纽，以村卫生室为基础的三级体系。在属性
上，医疗体系是政府部门直接创办的国有机构，末端隶属城乡集体经济
的集体所有制，合理的布局大幅度提高了医疗服务的可及性。在卫生服
务目标上，定位于提高公众健康水平，不以营利为目的。新中国成立初
期的医疗服务建设取得了巨大成就，城镇地区公费医疗和劳保医疗制度
覆盖了所有劳动者，农村合作医疗覆盖了90%的农村人口，并为大部分
人口承担了医疗费用①。

在养老保障方面，城市国家机关、事业单位退休人员由国家统一负
担。在1951年颁布、1953年修订的《中华人民共和国劳动保险条例》中
指出，雇主按3%的比例缴纳劳动保险基金，并由全国统一调剂，自1969
年"文化大革命"起改由企业自行负担。农村一直采取子女养老的传统
方式，老年社会服务属于社会福利事业，归属民政部管理，敬老院、福
利院仅对无劳动能力、无生活来源、无依无靠的孤老进行集中供养，属
于福利机构。

文化体育方面，新中国成立以来政府通过对公共文化设施的恢复性
建设，在城市整顿了一批重点公共文化体育设施，图书馆、博物馆等公
共文化设施规模扩大，民间组织的群众活动蓬勃发展，带有较多的政治
意味。

总的来看，计划经济时期的公共服务投入具有明显的计划经济特征，
有国家、企业和集体三种承担方式，虽然城镇企业医疗保障、养老保障
由企业自行负担，但归根结底还是由国家统一规划、统一安排、统一管
理，是公费医疗体制的集体主义变种②。通过一系列的社会主义改造，一
切私人的或合资的公共服务机构均销声匿迹。这种计划经济的特点对我
国当时社会恢复建设，提高居民的文化水平和国民健康水平做出了巨大
贡献。

在政府计划经济时期，公共服务的另一个特征是以经济生产集体为

---

① 国务院发展研究中心课题组：《对中国医疗卫生体制改革的评价与建议（概要与重
点）》，《中国发展评论》（中文版）2005年第1期。

② 岳经纶、陈泽群、韩克庆：《中国社会政策》，格致出版社2009年版，第101页。

单位。在城市，生产资料归国家所有，国有企业为全体工人所拥有，除了要完成国家分配的生产计划外，企业还承担着更重要的社会责任，即所谓的"企业办社会"，以提高工人的生产积极性和劳动效率，企业实际成为政府行政机构的组成部分，即政府的附属物。企业不仅承担着养老保障、免费医疗、社会服务和福利分房等任务，而且还提供了门类齐全的基本社会服务，如学校、医务所、幼儿园、文化中心、图书馆、电影院等①。在农村，生产资料归集体所有，人民公社取代城市中的企业，既是农民经济活动以提供基本生活保障的经济单元，又承担了广大农村公共产品的供给责任，公社提供资金兴办、农村合作医疗、食堂、托儿所等公共服务。企业和人民公社实际是社会服务供给的最小单位和平台，目的是最大程度地为人民生产提供便利，提高经济效率。但是与此同时，在城市中那些没有工作的人员则被排斥在社会福利以外，无所保障。

众所周知，新中国成立初期，为了积累工业发展的资金，获取工农业之间的剪刀差，政府严格控制城市人口增长，自 1958 年 1 月颁布《中华人民共和国户口登记条例》以来，农民被束缚在土地上。该条例严重阻碍了人口的自由迁徙，但同时也保持了人口与劳动力总量、结构的平衡，维护了社会经济的稳定②，由此形成了一个二元社会制度，国家在公共服务的投入方面严重向城市倾斜。城乡二元公共服务体系供给造成公共服务的城乡差异，以养老保障为例，在城市中有国家负担的机关、事业单位和党派团体等养老制度及企业自行负担的工人退休办法，而农村一直实行家庭养老的传统方式。再如教育资源，由于实行精英教育的发展路线，政府通过建设重点学校等方式，集中力量培养一些优秀人才，将教育重点放在城市中，农村教育一度受到忽视。

二 改革开放以后的公共服务供给状况

改革开放以来，随着市场经济的发展，国家的财政投入越来越多地向经济发展倾斜，公共服务的供给开始引入多渠道资金，以解决政府发展公共服务事业的供给不足。在市场经济的大背景下，效率逐渐取代了

---

① 黄晨熹：《社会政策》，华东理工大学出版社 2008 年版，第 86 页。
② 孟兆敏：《我国户籍制度改革研究的回顾与展望》，《西北人口》2008 年第 1 期。

公平，成为经济发展中主导的力量，在公共服务领域亦是如此。

在医疗方面，1979 年原国家卫生部提出卫生部门要按经济规律办事，并开始了卫生改革。1985 年国务院批转了卫生部关于卫生改革若干政策问题报告，提出了"医疗卫生机构自主权，支持个体开业行医，鼓励在职人员兼职应聘和业余服务；农村的村级医疗机构根据群众意愿实行多种形式办院"。1989 年国务院批转了《关于扩大医疗卫生服务有关问题的意见》，进一步提出了要积极推行各种形式的承包责任制。此时医疗卫生机构的所有制结构由单一公有制转变为多种所有制并存，医疗机构的服务目标由追求公益转为全面追求经济目标。医疗管理权力下放，中央政府的统一协调职能不断弱化，各种责任越来越多地由地方政府承担，形成了商业化、市场化的服务供给模式①。改革后的城市医疗机构尽管从名义上看，主体是公共医疗机构，但事实上在政府拨款严重不足的情况下，医疗机构在很大程度上是在按照商业原则运行，使医疗服务的公共性和福利性大大降低②。在农村，随着经济体制的改革，农村医疗合作社制度土崩瓦解，基层合作医疗组织由个人承包，筹资的困难导致了农村三级医疗卫生体系的破裂。1993 年党的十四届三中全会通过的《关于经济体制改革若干问题的决定》，重新恢复和建立农村合作医疗制度，但是这些目标未能实现③。

在教育方面，改革开放以后，成为教育"秩序恢复"与"战略赶超"的时期，本着"短线教育"、快速出成果的思想，1980 年教育部下发了《关于办好一批重点中小学的试行方案的通知》，基础教育阶段的重点学校制度被重新建立起来。1982 年制定的《中华人民共和国宪法》规定："国家鼓励集体经济组织、国家企业事业组织和其他社会力量依照法律规定举办各种教育事业"，使民间和社会力量办学进入法律化阶段。同时，国家财力权力下放，1985 年《中共中央关于教育体制改革的决定》确立了基础教育由"地方负责，分级管理"的原则，中央除了大政策方针的

① 国务院发展研究中心课题组：《对中国医疗卫生体制改革的评价与建议（概要与重点）》，《中国发展评论》（中文版）2005 年第 1 期。

② 关信平：《改革开放 30 年中国社会政策的改革与发展》，《甘肃社会科学》2008 年第 5 期。

③ 黄晨熹：《社会政策》，华东理工大学出版社 2008 年版，第 61 页。

宏观规划以外，学校的领导、管理等权责均交由地方。除国家拨款以外，地方政府应有适当比例的财政支出用于教育，乡财政收入主要用于教育，同时辅以征收教育附加费和学杂费等方式，保证了教育的财政经费来源。此时的教育逐渐走向产业化发展的道路，费用主要由家长负担，特别是非义务教育阶段，教育作为一种商品推向市场，国民若要享受这种服务，必须接受智力和财力的双重淘汰，国家仅对部分困难家庭的学生实行学费减免或贷款①。权力的下放使地方管理教育事业的积极性空前提高，人民的教育热情高涨，广大适龄儿童得到更多就学机会。但是随着 1994 年分税制改革的进行，我国县乡政府财政出现"赤字"，在这种状况下，实现教育事业的职责成为不可能，导致基础教育普及实际上是低质量的普及，并且城乡、地区、学校之间的差距逐渐拉大②。

改革开放以后，文化体育事业的发展相对滞后，不少文化单位的实际运作性质日益与其被假定的"公共服务"属性相脱节，而被私人承包、经营。即使是在这种状况下，文化部门的收益甚微，不少公共文化部门（如文化馆、群艺馆）更是完全放弃了公益性。而对西部和农村地区来说，公共文化更是名存实亡③。1995 年我国颁布了《中华人民共和国体育法》鼓励企事业单位等社会力量兴办和支持体育事业；社会体育活动坚持业余、自愿、小型、多样的原则，发挥社区组织、村民居委会等的作用，组织群众活动。县级以上政府随国民经济的增长而增加体育事业投入，并将公共体育设施用地纳入城市规划，公共体育设施向社会开放。同年《全民健身计划纲要》的出台，更是掀起了全民健身的浪潮。

根据 1993 年我国民政部颁布的《社会福利业发展规划的通知》，社会福利业改革采取了国家、集体和家庭相结合的方式，在城市实行由封闭型向开放型方向转变，在农村实行集体福利集体办，走社会化道路。在这种背景下，社会收养事业中的养老公寓、养老院、敬老院较快增长。

---

① 徐道稳：《建国以来我国社会政策的价值转变》，《中南林业科技大学学报》（社会科学版）2008 年第 2 期。

② 曲正伟：《秩序的扩展：改革开放三十年我国教育政策的演进路径》，《教育理论与实践》2010 年第 2 期。

③ 李景源、陈威主编：《中国公共文化发展服务报告》，社会科学文献出版社 2007 年版，第 64 页。

《通知》指出老龄化、家庭化对社区公共服务的需求增加，而国家投入不足，政策扶持少，管理落后等问题十分突出，局限于收养孤老的养老福利机构也不能满足居民的需求，乡镇敬老院的覆盖只有 6.2%，无法解决孤老优抚对象的收养问题。1996 年颁布了《中华人民共和国老年人权益保障法》，"国家鼓励、扶持社会组织或者个人兴办老年福利院、敬老院、老年公寓、老年医疗康复中心和老年文化体育活动场所等"。各地根据当地发展水平，逐步增加对老年福利事业的投入，兴办老年福利设施，老龄事业开始起步。

从上述城市公共服务的发展状况来看，我国在改革开放以后，经济逐渐转轨到社会主义市场经济的道路上，城市公共服务的供给也向多渠道、多样化发展，表现以下特点：一、公共服务业由公有制转向多种所有制并存；二、公共服务的运行管理走向市场，按照市场机制运行，部分公共服务与"公共"的属性脱节；三、中央权力下放，地方分级管理，一方面给了地方较多的自主权；另一方面也导致各地区公共资源的配置出现较大差异；四、政府的主要精力放到经济建设中来，减弱了对城市公共服务的投入，在有限的投入下，资源流向重点、有效率的领域中，而一些无效率的公共服务则遭到了淘汰。

三　进入 21 世纪以来我国公共服务供给领域的新面貌

随着改革开放的深入，我国经济状况发生了巨大变化，积累了雄厚的经济资本。但是经济转型带来的社会问题日益突出，不和谐的声音此起彼伏。此时民生问题逐渐进入政府视野，如何看待社会发展、公共服务投入等问题成为社会焦点。政府开始改变从前一味讲究效益、效率的做法。

在教育领域，1999 年颁布了《中共中央国务院关于深化教育改革全面推进素质教育的决定》，面对 21 世纪新形势，中央将教育由原来的注重覆盖面、校舍建设等硬件投入转向提升教育质量，即将德、智、体、美统一到教育活动的各个环节，主要包括：一、转变教育观念、重视思想道德教育，将素质教育融入教育体系中，教育与生产劳动密切结合，通过以上途径培育"四有人才"。二、提出了各地需要从实际出发，改造薄弱学校，提高义务教育阶段的整体办学水平，在 2000 年以后实施"国家贫困地区义务教育工程"，加强对贫困地区的扶持力度。三、建设高质量的教师队伍，通过调整师范教育的培养方式提高教师的素质和能力；鼓励大中城市骨干教师到基础薄弱的学校兼职或任教，中小学城市教师以各种方式到农村缺编学校任教。2002 年 2 月，教育部下发的《关于加强基础教育办学管理若干问题的通知》，着重提出了义务教育阶段学校均衡发展的政策，指出"城市地区要结合城区改造和学校布局调整，加快薄弱学校改造，并通过校长、教师定期流动机制扩大义务教育阶段优质学校的规模"。2006 年新修订的《义务教育法》明确了"实施义务教育，不收学费、杂费"的目标，同时对近些年出现的流动人口子女在当地就学难的问题，提出了"非户籍所在地工作或居住的适龄儿童、少年，在其母亲或其他法定监护人工作或居住地，当地人民政府应当为其提供平等接受义务教育的条件"。此后义务教育阶段的均衡发展、农民工子女教育问题逐渐成为教育政策关注的主题，也成为国家、地方教育规划中的重点。

在医疗方面，经过改革开放的变革，我国的一些卫生健康指标反而出现恶化，某些改革开放前就已消灭的传染病死灰复燃，2000 年世界卫生组织对 191 个成员国的卫生总体绩效评估排序中，中国仅列第 144 位[①]。医疗费用攀升，民众不满状况也在加剧，影响了社会稳定。1996 年中共中央国务院出台了《关于卫生改革与发展的决定》，明确了新时期卫生事业是福利政策的社会事业。2000 年国务院转发国务院体改办、卫生部等 8 部委《关于城镇医药卫生体制改革的指导意见》，拉开了又一轮医疗卫生体系改革的大幕，之后陆续出台了 13 个配套政策[②]，旨在深化城市医疗卫生体制改革、优化城市卫生资源机构、发展社区卫生服务体系、形成社区—医院二级综合卫生服务结构[③]。2005 年 3 月，温家宝同志也在

---

① 国务院发展研究中心课题组：《对中国医疗卫生体制改革的评价与建议（概要与重点)》，《中国发展评论》（中文版）2005 年第 1 期。

② 包括《关于城镇医疗机构分类管理的实施意见》《关于卫生事业补助政策的意见》《医院药品收支两条线管理暂行办法》《关于医疗机构有关税收政策的通知》《关于改革药品价格管理的意见》《关于改革医疗服务价格管理的意见》《医疗机构药品集中招标采购试点工作若干规定》《药品招标代理机构资格认定及监督管理办法》《关于病人选择医生促进医疗机构内部改革的意见》《关于开展区域卫生规划工作的指导意见》《关于发展城市社区卫生服务的若干意见》《关于卫生监督体制改革的意见》《关于深化卫生事业单位人事制度改革的实施意见》。

③ 中国（海南）改革发展研究院：《基本公共服务与中国人类发展》，中国经济出版社2008 年版，第 34 页。

十届全国人大三次会议上提出了要切实解决群众看病难、看病贵的问题。随着这一问题的逐渐凸现，卫生部制定了《关于深化城市医疗体制改革试点指导意见》，明确了卫生事业的性质，强调了公立医院的公益性。中共十七大报告中首次提出了建设我国特色卫生医疗体系制度的框架，包括公共卫生服务体系、医疗服务体系、医疗保障体系、药品供应保障体系四个组成部分。在农村地区，2003 年《关于建设新型农村合作医疗制度的意见》，新农村合作医疗制度试点并推广，县、乡、村三级医疗卫生服务体系积极推进。

　　2000 年第五次人口普查显示，我国 65 岁及以上老年人口占总人口的 6.96％，60 岁及以上人口占总人口的 10.2％，预示着我国全面进入了老龄化国家，养老的负担日益突出。《中共中央、国务院关于加强老龄工作的决定》中明确提出了将老龄事业纳入国民经济和社会发展中长期规划中，"建立和完善老龄社会服务体系，坚持政府引导与社会兴办相结合的方式发展老年服务业"，并制定了"十五"期间老年服务设施的投入目标：基本实现每个县（市）至少有一所老年活动场所，地级以上市有一批社区老年服务设施、福利设施和活动场所，街道办事处有一所综合福利服务设施，乡镇街道要努力办好敬老院。2000 年《关于加快实现社会福利社会化的意见》进一步明确了社会福利机构投资主体多元化，服务对象公众化的特点，社会福利机构除确保国家供养的"三无"对象等外，还要面向全社会老年人、残疾人，并确立社会福利服务队伍专业化的目标。同年，财政部、税务总局发出《关于对老年服务机构有关税收政策问题的通知》（财税〔2000〕97 号）中，确定了福利性、非营利性的老年服务机构的税收优惠政策。2005 年在《关于支持社会力量兴办社会福利机构的意见》中进一步确立了养老机构非营利原则，各地要按照建立以国家办福利机构为示范；以其他多种所有制形式的福利机构为骨干；以社区福利服务为依托；以居家供养为基础的社会福利服务体系。对根据当地社会福利事业发展规划和区域社会福利机构设置规划依法兴办的非营利性福利机构给予规划建设、税费减免、用地、用水和用电等方面的价格优惠，与政府办的社会福利机构同等待遇，包括政策和资金的支持。伴随着我国老龄化加快的趋势，全国及各地均制定了"老龄事业发展规划"，老龄事业成为各级政府的重点工作内容。

2002 年国务院办公厅转发《文化部、国家计生委、财政部关于进一步加强基层文化建设指导意见的通知》提出"城市要在搞好文化馆、图书馆等建设的同时，加强社区和居民小区配套文化设施的建设，实现'县县有文化馆、图书馆'的目标，利用现有社区设施繁荣社区文化"。在倡导下，全国各地区建立起一批市级省级图书馆、博物馆，并带动各基层政府，加强基层文化设施建设。文化的大力推进使"十五"期间全国文化设施建设成绩十分显著。2006 年《中华人民共和国国民经济和社会发展第十一个五年规划纲要》提出了加大文化事业投入，逐步形成全社会的比较完善的公共文化服务体系。2011 年十七届六中全会《关于深化文化体制改革推动社会主义大发展大繁荣若干重大问题的决定》明确指出建立公共文化服务体系的重要性，把主要公共文化产品和服务项目、公益性文化活动纳入公共财政经常性支出预算；加强文化馆、博物馆和图书馆等功能设施向社会免费开放；加强社区公共文化设施建设，将社区文化中心建设纳入城乡规划和设计中；同时国家引导和鼓励社会力量参与建设公共文化服务。在体育方面，2009 年《全民建设条例》规定县级以上人民政府应当将全民建设工作所需经费列入本级财政预算，并随着国民经济的发展逐步增加对健身的投入，同时提出公办学校应当积极创造条件向公众开放体育设施，鼓励民办学校向公众开放体育设施。21世纪以来，我国公共文化方面的成绩十分显著，公共体育则延续了 20 世纪 90 年代末全民健身的发展方向。公共文体设施向省市级设施与社区文体设施并举的方向发展，群众化、公益性原则进一步突出。

21 世纪以来，中央开始纠正以效率为目标的公共服务建设，转向重视以公平为目标的"社会收益"，城市公共服务向公平性分配回归。政府加大了在公共领域主体作用，突出表现在对基本公共服务方面的投入；注重城乡、地区之间公共服务投入的均等化，尤其是教育、医疗等方面，通过政策倾斜等方式，加大对薄弱地区的投入；重视公共服务的质量投入，教育领域注重师资力量的投入及平衡，医疗领域则注重提升医疗服务水平，养老机构实现各地区全面规划建设，并开始发展居家养老服务。

综合来看，我国公共服务的发展大致经历了三个阶段，这三个阶段与经济发展的背景密不可分，各阶段的主要内容变化有以下特点：一是发展目标由国家福利式、效率优先式、向公平性转变；二是供给方式上，由国家分配、市场分配向以政府为主导多种筹资方式并存；三是管理方式上，由改革开放前的中央集中管理，向改革开放后的地方分级管理转变。除此以外，21世纪以来，我国公共服务投入还出现了一些新动态：分配方式上，制定了与人口分布、经济发展水平相适应的公共设施管理办法；注重设施公平投入的同时，还关注人员、服务水平等方面的软件投入。

第二节　我国城市人口变动规律

目前，我国已进入快速城市化的阶段，城市人口规模剧增，空间人口变动剧烈，给城市公共服务的配置带来较大的压力，要对公共服务配置有效性进行评价，促进人口与公共服务的协调发展，首先有必要把握快速城市化背景下，人口变动的现状及特点。

一　城市人口规模变动特点

根据全国第五次、第六次人口普查数据，本书对全国262个地级以上城市人口规模进行分析，找出我国各城市人口规模及变动的规律。

1. 超过半数地级以上城市常住人口导入。2000—2010年，超过半数（167个）城市常住人口出现不同程度增长，其中73个城市常住人口的年增长率超过1%。根据常住人口的年人口增长率，本书将全国地级以上城市人口分为三类并在地图中标出：第一类年增长率为负，人口导出，在地图中属蓝色区域；第二类常住人口年增长率在1%以内，人口导入，在地图中属粉色区域；第三类常住人口年增长率超过1%，人口大量导入，在地图中属深红色区域。

2. 人口快速导入区集中在大城市及周边地区。如图4-1所示，人口导入区域与我国城市群的分布相一致，主要集中在东北辽中南地区、京津唐地区、山东半岛地区、长三角地区、海峡西岸地区、珠江三角洲地区、中部川渝、中原、关中、长江中下游城市群。人口快速增长区集中东南沿海城市群，长三角城市群，珠三角城市群，以及其他城市群的中心城市，如省会城市陕西西安、四川成都，直辖市北京、天津，计划单列城市如大连、青岛。

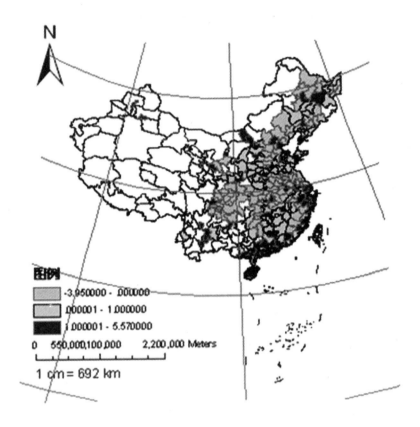

图 4 - 1　2000—2010 年我国城市人口规模及变动状况

　　3. 外来常住人口是人口增长的主流。据国家统计局发布，2011 年
我国人口总量继续保持低速增长，人口出生率为 11.93%，人口自然增
长缓慢。然而人口机械变动剧烈，全国人户分离的（居住地与户口登
记地所出乡镇街道不一致且离开户口登记地半年以上的）人口为 2.71
亿，比 2010 年增加 977 万人，其中流动人口（人户分离人口中不包括
市辖区内人户分离的人口）为 2.30 亿，比 2010 年增长 828 人[①]，流动
人口持续增长。以上海市为例，据第六次人口普查显示，2010 年上海
市常住人口 2302 万人，外来常住人口达到 897.7 万人，比"五普"时

---

　　① 国家统计局：《2011 年中国人口总量及结构变化情况》。（http：//politics.people.com.cn/
GB/70731/16913213.html？prolongation＝1）

增长510.6万人，占常住人口总量的40%，外来常住人口已成为人口增长的主流。

二　城市人口空间变动特点

在城市化的影响下，城市内部人口空间分布也发生了较为剧烈的变化，本书以上海市为例分析城市内部人口的变动特点。2009年上海南汇并入浦东新区，为了统一，本书将2000年南汇与浦东新区的人口合并计算。根据上海市发展的历史和现状特点及以往学者的研究，将上海市在地域上划分为中心核心区，中心城区边缘区，近郊区、远郊区。中心核心区包括黄浦区、卢湾、静安、虹口，各区大致分布在内环线以内；中心边缘区包括徐汇区、长宁区、普陀区、闸北、杨浦区，各区全部或大部分位于内外环线之间的地区；近郊区包括浦东、闵行、宝山、嘉定；远郊区包括松江、奉贤、崇明、金山、青浦。

1. 中心城区人口减少，郊区人口数量增加。从两次人口普查常住人口规模的对比来看，市区中的核心区如黄浦区、卢湾区、静安区、虹口区人口均呈现负增长的趋势，城市边缘区中长宁区人口年增长率为负，普陀区为2.1%，徐汇区、闸北区、杨浦区虽年平均增长率为正，但是增长率在0.5%左右，增长非常缓慢。整个市区的人口年增长率仅为0.1%，中心城区，尤其是核心区的人口导出态势十分明显。人口逐渐向郊区转移，郊区常住人口平均年增长率在5.4%，其中仅崇明县低于1.0%，其余郊区区县人口导入明显，松江区接近10.0%，闵行区也在7.2%。上海市已经表现了强烈的中心城区导出、郊区人口大量导入的趋势，以近郊区的导入最为强烈，人口导入对区域公共服务的冲击较大，而人口导入区往往是新城区，或者是郊区，原本的公共服务配置就比较薄弱，人口导入给这些地区的公共资源的不足雪上加霜。

2. 不同人群均有郊区化的趋势，但程度略有差异。上海市人口郊区化的趋势明显，但不同人群郊区化的程度又有不同。从户籍性质来看，外来人口郊区化的趋势明显强于户籍人口；从年龄结构来看，老年人口郊区化的趋势要弱于学龄人口，在学龄人口内部，幼儿园适龄人口、小学适龄人口、初中适龄人口的郊区化依次减弱，高中适龄人口的郊区化程度加强。教育、养老等公共服务针对的群体不同，在这些针对性较强的公共服务配置中，需要注意不同人群的分布差异。

表4-1　　　　　　　2000年、2010年上海市各区县常住人口变动　　单位：万人、%

上海	2000年	2010年	年平均增长率	上海	2000年	2010年	年平均增长率
黄浦区	57.5	43.0	-2.9	闵行区	121.7	242.9	7.2
卢湾区	32.9	24.9	-2.8	宝山区	122.8	190.5	4.5
静安区	30.5	24.7	-2.1	嘉定区	75.3	147.1	6.9
虹口区	86.1	85.3	-0.1	浦东新区	318.7	504.4	4.7
徐汇区	106.5	108.5	0.2	金山区	58.0	73.2	2.4
长宁区	70.2	69.1	-0.2	松江区	64.1	158.2	9.5
普陀区	105.2	128.9	2.1	青浦区	59.6	108.1	6.1
闸北区	79.86	83.1	0.4	奉贤区	62.4	108.4	5.7
杨浦区	124.4	131.3	0.5	崇明县	65.0	70.4	0.8
市区	693.0	698.6	0.1	郊区	947.7	1603.3	5.4
全市	**1640.8**	**2301.9**	**3.4**				

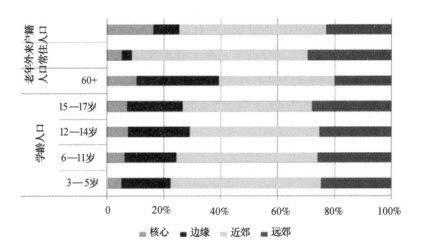

图4-2　2010年上海市不同人群的空间分布

三　城市人口社会构成的特点

随着经济发展及社会进步，我国人口构成逐渐多样化，尤其是对一些发达地区的大城市来说，吸引着海内外人才涌入。同时我国人口受教育程度也在不断提高，每万人拥有大学文化程度人口由"五普"的 3611 人，增长至"六普"的 8930 人，文盲率为 4.08%，比"五普"下降近 3 个百分点。人口构成的多元化、文化程度的提高使得公共服务的需求逐渐多样化。

1. 人口构成多元化。作为国际化大都市，上海市吸引着越来越多的外来人口流入，也成为许多境外人士的首选地，据第六次人口普查统计，2010 年境外来沪人员 20.8 万人，其中 50.1% 的境外人口主要目的是工作。从居住区域来看，外籍人口在浦东新区最多，其次是长宁区、闵行区和徐汇区，聚集在城市中心区的特点突出。

2. 人口文化程度提高。2010 年，上海市常住人口平均受教育年限为 10.5 年，比"五普"提高 0.4 年，大专及以上学历人口所占比重为 22.8%，比"五普"增加 9 个百分点，与此同时，初中、高中学历人口比重则出现大幅下降。

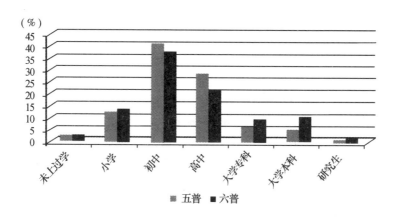

图 4-3　上海市第五次、第六次人口普查受教育程度比重

第三节　我国城市公共服务供给的现状特点

一　数据的选取

根据公共服务供给水平有效供给的指标，本书采用熵值法对全国地级以上 262 个城市的公共服务现状进行综合分析。首先计算 2010 年我国城市公共服务水平的状况，然后计算 2000 年以来，我国城市公共服

务水平的变化状况。由于人均公共体育场所的数据不可得，因此该指标
没有放入评价体系中，师生比、人均公共图书数量、万人床位数、万人
医生数采用《中国城市统计年鉴》中的数据，生均校舍面积根据《中
国教育统计年鉴》中的分省、直辖市各阶段校舍面积、在校学生数计
算而得，由于没有 2000 年的数据，因此采用 2003—2010 年增长率估计
而得。每百名老人养老机构床位数根据《中国民政统计年鉴》数据中
的城镇养老福利机构和农村五保养老机构的床位数之和及 65 岁及以上
老年人口计算所得，由于目前仅在部分发达城市开展了居家养老服务，
没有全国各城市的数据，因此老年人口资源仅采用机构养老床位数反
映。人均公共文化场所面积，采用《中国文化统计年鉴》中人均博物
馆、人均公共图书馆、人均群众文化的数据之和。养老床位数、生均校
舍面积、人均公共文化场馆面积由于仅有各省市自治区数据，因而各城
市采用所在省份平均水平代替。常住人口数据根据全国第五次、第六次
人口普查资料而来。

二　方法介绍

1. 熵值法介绍

熵值是物理学中的概念，在信息论中，熵是对不确定性的一种度量。
信息量越大，不确定性就越小，熵也就越小；信息量越小，不确定性越
大，熵也越大。根据熵的特性，我们可以通过计算熵值来判断一个事件
的随机性及无序程度，也可以用熵值来判断某个指标的离散程度，指标
的离散程度越大，该指标对综合评价的影响越大[1]。目前熵值法被广泛地
应用在社会学的研究中，尤其是对某项问题进行指标体系的量化评价的
时候，这种方法可以更好地避免人为主观因素，对各个指标进行权重赋
值[2]。它的研究步骤包括：

---

[1]　百度文库《熵值法定义》。(http://baike.baidu.com/view/2523301.htm, http://baike.baidu.com/view/2523301.htm)。

[2]　马慧强、韩增林、江海旭：《我国基本公共服务空间差异格局与质量特征分析》，《经济地理》2011 年第 2 期。

一、标准化处理：

$$正指标 y_{ij} = \frac{x_{ij} - \min(x_{1j},\dots,x_{mj})}{\max(x_{1j},\dots,x_{mj}) - \min(x_{1j},\dots,x_{mj})}$$

$$负指标 y_{ij} = \frac{\max(x_{1j},\dots,x_{mj}) - x_{ij}}{\max(x_{ij},\dots,x_{mj}) - \min(x_{1j},\dots,x_{mj})}$$

二、计算熵值：$e_j = -k \sum\limits_{i=1}^{m} p_{ij} Ln p_{ij}$，其中：$k = \dfrac{1}{Inm}$，$0 \leqslant e_{ij} \leqslant 1$

三、计算差异性系数：$g_j = 1 - e_j$

四、计算权重：$a_j = \dfrac{g_j}{\sum\limits_{j=1}^{n} g_j}$

五、计算综合得分：$BPS_i = \sum\limits_{j=1}^{n} a_j y_{ij}$

2. 熵值法的缺陷

熵值的方法也存在一定的缺陷，这种缺陷来源于目前的许多统计方法是针对二维数据的，由于面板数据是三维数据，因此其权重的计算比较复杂。在计算权重的过程中，主要对两个过程有所影响，一是对权重设置过程的影响，权重的计算是针对二维数据的，如按不同年份分别计算权重，那么会出现两组有差异的权重赋值。目前，学界关于面板数据的计算并没有特殊的方法，一般采用的是降维的方法，如对每个指标在时间维度上取均值，抽象为某一个特定时刻的情形，从而消去时间维度的影响，退化成截面数据[1]，这种降维的思想，是基于各个指标在时间维度上变化方向一致的假设，很显然丢失了面板数据的时间信息[2]。或是在同一时间上取不同地区数据的平均值进行权重计算，这需要根据研究的目的进行取舍。如果说权重的处理还可采取平均值的方法，那么标准化的过程就没有那么简单了。二是对标准化处理过程的影响，在本书的计算之初，原本是分别对每年的数据进行标准化处理，但是由于不同年份各个地区数据的差异化程度不一，造成了标准化结果的扭曲，笔者通过分别对两年的数据处理，计算了各指标的差异性系数，反映不同地区各

---

① 王培、王炎鑫、崔巍：《面板数据的因子分析》，《贵州大学学报》（自然科学版）2009年第6期。

② 郑兵云：《多指标面板数据的剧烈分析及其应用》，《数理统计与管理》2008年第2期。

指标的差异程度，如表4-2所示各指标的差异化程度，中学、小学校舍面积差异化程度差异变化不大，医疗资源中万人床位数的差异值减少，其他六项指标均呈现差异化增加的态势，说明2010年这六个指标的地区差异比2000年有所增加。正是由于2010年差异化程度的增加，导致了部分指标实际值增加，但标准化后反而减少的问题。

表4-2　　　城市公共服务供给水平评价指标的差异系数及权重

评价指标		差异性系数		权重
		2000年	2010年	（%）
教育	普通中学师生比	0.007118	0.017763	2.6
	小学师生比	0.027550	0.039644	7.4
	普通中学校舍面积	0.031269	0.030952	10.2
	小学生均校舍面积	0.027891	0.027480	6.1
医疗	万人床位数	0.032399	0.020671	7.1
	万人医生数	0.035128	0.038145	9.1
文化	万人拥有图书	0.082446	0.126827	30.3
	万人拥有公共文化场所面积	0.054724	0.067331	12.7
养老	百名老人养老床位数	0.043379	0.031901	14.5

3. 本书的改进

本书中的面板数据，一维是基础数据，即指标数据；二维是时间序列数据，反映年份的递增；三维是地区数据，反映了不同地区的状况，但是此维度是类别变量，并没有程度变化的意义。那么这三维数据所形成的空间变化图，可以看成以262个地区为不同平面的、十年公共服务水平变化的空间数据。那么我们可以将这262个平面设想成在同一平面上，即可转化成二维数据进行熵值计算。这样保证了不同地区、不同时间上数据的标准化、权重一致，具有比较意义。

根据计算，各指标的权重如表4-2所示，文化中的图书数量比重最高，在30%以上，可见文化对公共服务的贡献率最大，其次是养老资源的贡献率，此外中学校舍面积的贡献率要高于师生比，小学校舍面积贡献率小于师生比。

三 城市公共服务供给水平的特点

通过熵值计算权重得出 2010 年城市公共服务的总体得分（见图 4 – 4），以及通过 2000 年、2010 年两年城市公共服务的得分，计算十年间公共服务水平的年增长率（见图 4 – 5），由图可见，我国城市公共服务的发展表现以下特点：

1. 城市群公共服务水平高于其他地区。除空白区域由于不是城市未包含在此次研究中外，本书标出了 262 个城市公共服务水平的状况，2010年公共服务水平颜色由浅至深，颜色越深说明公共服务水平越高，反之愈低。以往学者的研究发现，基本公共服务水平较高的地区与我国十大城市群的分布不谋而合。本书研究的对象虽并不完全是基本公共服务，但其分布状况与基本公共服务分布特点类似，公共服务水平较高的地区分别为：辽中南地区、京津唐地区、山东半岛地区、长三角地区、海峡西岸地区、珠江三角洲地区。可以说这六个地区公共服务整体水平较高，与沿海城市群分布相一致。中部川渝、中原、关中、长江中下游四个内陆城市群的公共服务水平并没有表现整体的优势，仅是在个别城市群中心地区出现较高公共服务水平的零星分布，如成都、武汉、郑州、西安等地。其他地区亦是如此，仅在个别省会城市，出现较高水平公共服务的分布状况。

2. 我国各城市公共服务均呈现不同程度的增长，上海、北京等特大城市公共服务的增长幅度较小。虽然我们采用存量指标来反映 2010 年公共服务的水平，但是由于历史的原因，各地区城市建设的基础不同，仅从 2010 年的公共服务水平并不能反映各城市在公共服务水平增长方面的成果。因此本书通过 2000 年、2010 年各项公共服务的数据，分析各城市在十年间公共服务水平增长的状况。结果显示（图 4 – 5）根据公共服务的增长速度，将全国 262 个城市分为七点，颜色越深说明公共服务增长率越高。从地区分布来看，公共服务幅度较高的区域多集中分布在城市群地区，如京津唐都市圈、山东半岛都市圈、长三角都市圈、珠三角都市圈及内陆的川渝都市圈、中原都市圈。值得注意的是，这些都市圈中的特大中心城市，如上海、北京、天津公共服务水平的年增长率在 10% 以下，取而代之的是以苏州、深圳、东莞为代表的七个地级市表现出较为强劲的增长势头，年增长率在20%左右。

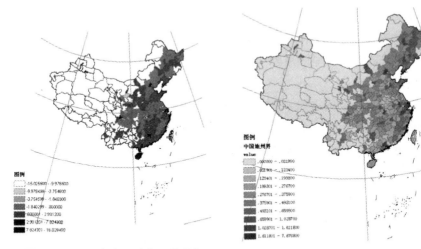

图4-4　2010年全国城市公共服务
水平分布

图4-5　2000年、2010年我国城市发展
性公共服务水平增长状况分布

3. 东、中、西部城市公共服务的差异扩大，东部城市公共服务的增长速度依次高于西部、中部地区。按照统计局的划分，将我国分为东、中、西三大经济区①，分别统计各区域的城市公共服务状况：东部地区十年间公共服务增长率超过10%的地区为110个，是增长幅度小于10%城市（37个）的三倍，中部地区增长率超过10%的地区为44个，少于公共服务增长较缓慢的地区（61个），西部城市中，公共服务增长幅度超过10%的有29个，是增长幅度低于10%城市（18个）的1.5倍。可见东、中、西部城市公共服务的差异持续扩大，东部城市公共服务的增长速度依次高于西部、中部地区。

---

① 按照统计局网站上的划分标准，将我国划分为东部、中部和西部三大经济地区。其中东部地区包括北京、天津、河北、辽宁、上海、江苏、浙江、福建、山东、广东、广西、海南十二个省、自治区、直辖市；中部地区包括山西、内蒙古、吉林、黑龙江、安徽、江西、河南、湖北、湖南九个省、自治区；西部地区包括重庆、四川、贵州、云南、西藏、陕西、甘肃、宁夏、青海、新疆十个省、自治区。

第四节　人口变动与城市公共服务供给的关系

影响我国城市公共服务水平空间差异的原因是多方面的，不可否认的是经济因素依然是主要影响因素。根据《2010 年中国公共服务公众评价指数报告》指出，目前中国各地发展水平的衡量标准尚未完全脱离以 GDP 增长为标准的模式，人均 GDP 高的城市群，公共服务的指数也相对较高，表现公共服务水平较高的地区与城市群分布一致的状况。东西部经济的差异，以及近些年部分西部能源城市经济异军突起，造成城市公共服务出现东西增长快、中间低的态势。此外政府对公共服务投入的差异也有所影响。由 2010 年与 2000 年公共服务水平增长速度的对比发现，公共服务增长幅度最高的城市包括深圳、苏州等二线城市，与其他发展速度相当的城市相比，深圳市、苏州市在公共服务的投入力度上一直居全国前列，尤其是深圳市，2000—2010 年十年间深圳市人均地方财政支出年平均增长为 8.08 万元，远超过北京（1.39 万元）、天津（1.06 万元）、上海（1.43 万元）。近些年一些研究机构如零点研究咨询集团《2010 年中国公共服务公众评价指数报告》，上海交通大学中国服务经济与管理研究中心发布的《中国城市服务指数 2010》，虽然采用的测量公共服务的指标体系不尽相同，但是结果均显示深圳的公共服务水平超过其他地区。

一　人口因素对城市公共服务供给水平的影响

如果说经济、财政等因素是影响城市公共服务供给水平的主动力，那么人口因素是通过需求变动对公共服务产生作用，即使是公共服务投入不变的状况下，人口导出也会提高公共服务水平，而人口导入则会降低公共服务水平，人口因素对公共服务供给水平的影响并不是可以人为控制的，而是受到人口变动规律的影响。从本书的研究发现，北京、上海、广州等特大城市，十年间公共服务的增长率均低于 10%，之所以出现这种现象，与常住人口的大量涌入有关。从第六次人口普查的数据来看，上海、北京等特大城市作为城市群的一个主要增长极，对外来人口的吸引非常大，以上海为例，2010 年常住人口超过 2300 万，外来常住人口与户籍常住人口的比例由 2000 年的 1∶3 上升到 2∶3，常住人口的大量导入无疑给公共服务的配置带来巨大压力。

结合本书的数据，以十年间公共服务水平的平均增长率为因变量，常住人口增长率为自变量，进行回归分析，二者呈现显著的负相关，常住人口每增长 1 个单位，公共服务水平下降 0.424 个单位。根据"俱乐部产品"理论，俱乐部产品存在一个拥挤点，在该点之前，人口的增加会提高单位公共品的利用率，分担公共品的成本，提高人均可得的公共服务；一旦越过拥挤点，居民人数增加就会导致人均获得公共品服务水平的下降，产生"拥塞效应"①，尤其是在北京、上海这样的特大城市，由于常住人口规模大量导入而延缓了公共服务增长速度的现象不可小觑。

二 基于人口变动因素对城市公共服务供给水平的分类

近年来，我国进入快速城市化阶段，人口的剧烈流动，给城市公共服务的供给带来了较大压力，尤其是在沿海人口导入区公共服务供需矛盾十分突出，成为阻碍城市发展的突出问题。实际上，人口因素与经济发展存在显著的相关性，人口导入区往往是经济发展迅速的地区，人口迁出区则是经济发展较为缓慢的地区，本书主要以人口因素作为切入点，根据我国城市的公共服务水平与人口变动的情况对城市公共服务进行分类，大致分为四类：

第一类公共服务水平增长率小于 10%，这类城市占所有城市比重最高为 32.1%，包括北京、上海、广州等大城市；第二类公共服务水平增长率超过 10%，这类城市所占比重为 31.7%，以苏州、大连为代表，属经济发展较为迅速，但是公共服务水平并未因人口的导入而受到冲击，反而增长率较高，值得注意的是在这类城市中，苏州、东莞、晋中、深圳、聊城五个城市公共服务水平增长在 20%，属于增加较为迅速的地区；第三类、第四类属于人口导出区，这两类城市一般是经济欠发达地区，人口导出减轻了公共服务的压力。由于在人口大量导入的城市，公共服务的矛盾较为突出，因此本书主要选择人口导入城市作为研究对象，上

---

① 刘小鲁：《区域性公共物品的最优供给：应用中国省级面板数据的分析》，《世界经济》2008 年第 4 期。

海是直辖市，苏州市属于县级市，大连是计划单列城市，均属于区域人口导入较强烈的地区，具有代表性，且笔者参加了导师在上海、苏州、大连的相关课题，积累了较丰富的数据材料，因此本书选择了这三个城市来进行公共服务的分析。

表4-3　　　　　　基于人口变动下，城市公共服务供给水平的分类

类别	公共服务增长率大于10%、人口导入	公共服务增长率大于10%、人口导出	公共服务增长率小于10%、人口导入	公共服务增长率小于10%、人口导出
频率	83	63	84	32
比重	31.7%	24.0%	32.1%	12.2%

本章小结

本章首先梳理了我国城市公共发展的过程，分为三个阶段，从社会主义国家福利模式到向效率优先发展，然后向公平与效率兼顾的转变。在这个过程中，城市公共服务的供给主体、管理模式也在发生着转变，由完全的国家包办，向市场分配优先，到目前向以政府主导的多元供给模式，城市公共服务的供给、管理不断走向成熟。

其次，根据第五次、第六次人口普查数据对我国城市人口变动的特点进行分析，结果显示：1. 我国城市人口规模增加，人口快速增长区域主要集中在大城市及沿海城市群，外来常住人口成为人口增长的主动力；2. 城市内部人口空间分布呈现郊区化的态势，不同群体的郊区化程度有所差异；3. 人口社会构成多元化，人口文化水平不断提高。

再次，本书通过城市公共服务供给的指标，对我国262个城市公共服务供给水平的现状进行分析发现：1. 我国城市群公共服务的水平要高于其他城市；2. 城市的公共服务水平均有不同程度的增长，上海、北京等特大城市公共服务水平增幅并不大；3. 东部城市公共服务水平增长的幅度要高于中、西部，造成地区之间的差异扩大。

最后，通过分析本书认为影响城市公共服务水平的原因是多方面的，其中经济、财政投入是影响公共服务供给的主要因素，人口因素通过影响需求变动对公共服务产生作用。据人口变动及公共服务的供给水平，

本书将城市分为四类，从现实的状况来看，人口导入区公共服务的供给矛盾最为突出，本书选取了以人口变动较为迅速的发达地区——上海、苏州、大连为例，对城市公共服务供给有效性进行评价，较具代表性。

第五章

城市公共服务配置有效性评价的
实证分析

本书主要以上海、大连、苏州三个城市公共服务的状况为代表，分别对城市公共服务的有效供给、有效分配、有效利用进行评价，找出城市公共服务供需之间的矛盾及问题，为进一步揭示城市公共服务供给非有效性的机制奠定实证基础。

第一节　城市公共服务有效供给的评价
——以医疗、养老服务为例

本章选取了上海市、大连市、苏州市为代表，分析人口导入区公共服务配置的状况，首先介绍各城市公共服务的供给现状，然后根据指标体系得出三个城市医疗资源供给的得分，最后与自变量进行面板数据的回归分析，研究公共服务水平与居民需求之间的适应性。

一　上海、苏州、大连城市医疗、养老资源的现状

养老床位数根据各市的经济与社会公报、"十一五"老龄规划所得，缺失的年份按增长率计算补充所得。老年人口数据按第五次、第六次人口普查、各城市统计年鉴中65岁及以上常住老年人口数量计算所得。医疗资源数据根据各城市统计年鉴整理所得，常住人口数据根据第五次、第六次人口普查、长三角统计年鉴、大连计生委提供资料整理所得。在整理好相关数据后，本部分依然采用熵值计算的方法，计算各个指标的权重，并计算总得分。

自 2000 年以来上海市万人医院床位数为 46.8 张，2001 年以后上升至 50 张左右，2010 年由于常住人口的大幅增多，下降为 45.6 张。大连万人床位数与上海差异不大，尤其是近几年床位数小幅增加，2010 年为 47.9 张。苏州市万人床位数与其他两市有一定差异，由 2000 年的 28.7 张增加至 2010 年的 37.5 张。从万人医生数来看，2000 年上海市最多为 31 人，远超过苏州（17.1 人）、大连（18.5 人），十年间上海市万人医生数呈下降趋势，2010 年下降至 22.3 人，苏州市十年间差异不大，保持在 17 人左右，大连市则呈上升趋势，2010 年为 23.7 人，超过上海。从三个城市比较来看，上海市医疗水平与大连相当，苏州市最差，由于上海市人口导入幅度要远大于苏州、大连，所以上海市医疗服务水平下降最为明显。

表 5 - 1　　　　2000—2010 年上海、苏州、大连医疗、养老资源状况

年份	上海			苏州			大连		
	医疗		养老	医疗		养老	医疗		养老
	万人医疗机构床位数（张）	万人医生数（人）	百名老人养老床位数（张）	万人医疗机构床位数（张）	万人医生数（人）	百名老人养老床位数（张）	万人医疗机构床位数（张）	万人医生数（人）	百名老人养老床位数（张）
2000	46.8	31.0		28.7	17.1		49.4	18.5	
2001	48.8	30.0		28.5	16.4		48.8	18.5	
2002	50.2	27.0		28.1	15.1		43.5	19.6	
2003	49.3	25.8		28.4	16.2		35.9	14.0	
2004	49.6	25.1		29.2	16.1		38.1	13.5	
2005	51.1	24.7	2.3	34.5	17.1	1.4	45.7	18.5	3.1
2006	52.0	25.1	2.8	35.6	18.5	1.7	46.5	19.4	3.5
2007	51.6	26.3	3.2	35.4	17.6	1.9	43.5	22.7	3.8
2008	51.8	27.1	3.6	36.8	17.6	2.3	44.8	23.5	4.0
2009	51.9	26.6	3.9	39.7	18.0	2.5	48.5	24.8	4.2
2010	45.6	22.3	4.2	37.5	17.3	3.1	47.9	23.7	4.3

从养老资源来看，自"十一五"以来，随着老龄化的加速，各市在养老资源的投入上制定了较为明确的目标，均呈逐年增加态势，上海市每百名老年人（65 岁及以上）养老床位数从 2006 年的 2.8 张增加到 2010 年的 4.2 张，大连市养老床位与上海相当，2010 年为 4.3 张，苏州市最低为 3.1 张。若以 60 岁及以上老年人口为统计口径，2010 年只有苏州市百名老人养老机构床位数未达到国家"十二五"中 3% 的目标。

二　上海、苏州、大连医疗、养老资源的总体得分

从标准化结果来看，医疗资源中床位数、医生数权重相当，可见医疗资源硬件与软件投入同等重要。根据各指标的权重，得出各个城市医疗、养老资源的总体得分，自 2000 年以来上海市医疗资源服务水平有所波动，整体呈下降趋势；苏州市医疗资源服务水平整体上升；大连市先下降，自 2004 年开始增幅较快。三个城市 2010 年的医疗服务水平均比 2009 年有所下降，这是因为 2010 年进行的第六次人口普查较为全面地掌握了各城市常住人口的总量，超出原先的预计水平，导致了人均医疗资源水平的下降，尤其是上海市下降的幅度较大。

表 5－2　上海、苏州、大连城市医疗、养老服务指标的标准化权重

一级指标	二级指标	标准化权重
医疗	万人医院床位数	49.3
	万人医生数	50.7
养老	每百名老年人养老机构床位数	100.0

由于大连养老资源数据为 2005 年以后的数据，因此养老资源数据采用 2006—2010 年五年间的数据分析，三个城市养老服务水平均不断提高，各年份中大连市养老服务水平均好于上海、苏州。

表 5 -3 　　　　　2000—2010 年上海、苏州、大连医疗、
养老服务水平总得分

年份	医疗总分			养老总分		
	大连	上海	苏州	大连	上海	苏州
2000	5.5	0.8	3.2			
2001	5.5	0.6	3.2			
2002	5.0	0.3	2.8			
2003	4.7	0.6	0.9			
2004	4.6	0.6	1.0			
2005	4.7	1.4	2.8	2.7	0.9	4.2
2006	4.8	1.8	3.1	3.5	1.4	5.0
2007	5.0	1.6	3.5	4.3	1.9	5.4
2008	5.2	1.7	3.8	5.1	2.5	5.9
2009	5.1	2.1	4.4	5.7	3.0	6.3
2010	3.6	1.8	4.1	6.3	4.1	6.5

三　城市公共服务供给与居民需求的适应性分析

1. 理论的基础

有效供给是符合消费者能力和需求的供给，从纵向来看如果供给能够迎合消费者需求的变化，那么就可以认定供给是有效的。一般来看，财政投入是最直接反映政府公共服务投入水平的，学者的研究大多集中在通过研究影响财政收入的因素来判断政府财政投入的合理性，一是从供给方来看，对政府供给能力的影响因素，如经济发展水平、政府财力水平以及政府对公共支出的偏好等；二是从需求方来看，如城市化率、人口结构、失业率等[1][2]。此外，基于俱乐部产品理论的基础上，中位居民收入模型也从需求的角度探析了影响公共物品财政投入的因素：中位

---

① 吕炜:《我国基本公共服务提供均等化问题研究——基于公共需求与政府能力视角的分析》,《经济研究参考》2008 年第 34 期。

② 安体富、贾小俊:《地方政府提供工农服务影响因素分析及均等化方案设计》,《中央财经大学学报》2010 年第 3 期。

居民的收入弹性、税收份额、人口数量①。可见供给与需求共同决定了公共服务的财政投入，既包括经济因素，也包括人口学因素，在人口学因素中，人口总量对公共物品的投入至关重要。

西方关于公共服务供给规模的研究奠定了许多理论基础，如林达尔均衡、萨缪尔森均衡、庇古均衡等，其中以布坎南为代表的公共选择学派对公共服务供给规模的研究最具有影响力，布坎南侧重分析单个公民基于自身的偏好，通过对自身利益的追求及集体投票等公共选择机制，最终决定了财政支出即公共服务供给水平②。有学者在俱乐部产品理论的基础上，推导出公共财政支出的两种思路：供给与需求模型。需求模型中结合中间投票人理论，认为公共财政支出是以中位居民收入、税收份额及人口数量三个变量为主的需求函数；供给模型则认为地方政府拥有对地方财政的自主支配权，公共财政支出是地区人均收入、地区人口和中央补助的函数③。事实上，虽然供给模型中剔除了中位居民收入，但地区人均收入、地区人口也是居民需求的决定因素，并且由于地方政府的政绩观，我国的公共物品政府供给的主导性更强④，且由于中位居民收入等数据的不可得，供给模型比需求模型更符合实际。

2. 变量选取

本书认为公共服务的投入并不是政府的一厢情愿，个人对公共服务的偏好是决定公共服务供给规模的基本要素，即公共服务投入要以居民的需求为依据。

因变量为公共服务水平，自变量借鉴俱乐部产品模型中的三个自变量：中位居民的收入反映了居民的消费水平；人口数量反映了公共服务的消费总量；税收则反映了公共物品投入的财政基础。由于在本书中因变量已经是产出结果，是一种事后判断公共服务供给与需求之间是否相

---

① Theodore C. Bergstrom and Robert P. Goodman, "Private Demands for Public Goods", *The American Economic Review*, Vol. 63, No. 3, 1973.

② 秦颖：《收入水平与公共品需求结构关系探讨》，《经济与管理》2006 年第 12 期。

③ Theodore C. Bergstrom and Robert P. Goodman, "Private Demands for Public Goods", *The American Economic Review*, Vol. 63, No. 3, 1973.

④ 刘小鲁：《区域性公共物品的最优供给：应用中国省级面板数据的分析》，《世界经济》2008 年第 4 期。

协调的状态，因此决定政府供给水平的经济因素暂不考虑，因变量仅考虑居民需求状况。根据市场营销理论，私人物品的市场需求是由不同的质量和数量构成的，企业只有根据市场的不同需求，生产不同质量和数量的产品才能获利①。公共服务的需求亦是如此，居民需求选取了两个自变量：一是居民需求水平，二是需求数量。需求水平采用一个地区的 GDP 来衡量；需求数量则采用相应的服务对象总量来衡量，如医疗服务、文体资源针对区域内所有常住人口，教育资源针对区域内学龄人口数量，养老资源针对区域老年人口。此外，需要注意的是医疗资源虽然是针对常住人口的，但是老年人口、少年儿童一般是就医的主体人群，因此在医疗资源的自变量中加入老年人口数量和少年儿童数量。

3. 假设的提出

根据布坎南的理论，公共服务的供给是由个人偏好决定，城市公共服务供给状况则是地区所有居民需求的总和，由此得出本书的假设，公共服务的供给与居民的需求相一致，即供给不小于需求；随着时间的推移，经济发展在不断增长，居民的需求水平不断提高，公共服务的供给要随着居民的需求不断增加。如满足了以上假设，可以说一个城市的公共服务供给是有效的。

4. 分析方法介绍

本章以医疗、养老服务为例，分别建立两个面板数据模型，分析医疗、养老服务的有效供给。在模型回归之前需要对数据进行处理，本书采用 LLC 的检验方法分序列逐一对数据进行平稳性检验，LLC 检验采用 ADF 检验形式，其前提假设是各截面有相同的单位根。由检验结果可知：模型一中，医疗服务、GDP 二阶单整，人口变量、老年人口、少年儿童三阶单整，即变量不平稳；模型二中，三个变量均二阶单整，即变量不平稳。因此考虑对三个变量取对数，对各对数进行平稳性检验，结果如表 5 - 4 所示：

---

① 何静：《市场营销学》，华中科技大学出版社 2004 年版，第 96 页。

表5-4 变量的单位根检验结果

单位根	模型一					模型二		
	LnMC	LnPE	LnGDP	Lnyo	Lnol	LnSA	LnOL	LNGDP
显著性	0.0000	0.0000	0.0000	0.0153	0.031	0.0000	0.0002	0.0000
T值	-4.2501	-22.7051	-3.9550	-1.0214	-0.4932	-17.1782	-3.5612	-5.3999

在模型的选择上，面板数据的模型共有三种，一、无个体影响的不变系数的单方程回归，在模型中假设个体成员既无个体影响也没有结构的变化。二、变截距模型的单方程回归模型，在该模型中假设个体成员存在个体影响而无结构变化，且个体影响可以用截距项的差异来说明。三、变系数模的单方程回归模型，该模型假设个体成员既存在个体影响，又存在结构变化，即允许个体影响由变化的截距项来说明，同时还允许时间维系数向量，依个体成员的不同而变化，说明个体成员之间的结构变化[1]。

模型选择的步骤：首先采用似然比检验，选择混合模型和固定效应模型，然后采用 Hausman 检验，选择固定效应模型还是随机效用模型，结果如表5-5所示：

表5-5 面板数据模型选择检验结果

		模型一		模型二	
	Effects Test	Statistic	Prob.	Statistic	Prob.
似然比检验	Cross - section F	26.0010	0.0000	40.0311	0.0000
	Cross - section Chi - square	34.6449	0.0000	36.5544	0.0000
Hausman 检验	Cross - section random	52.0020	0.0000	86.0622	0.0000

两个模型的结果一致，根据似然比检验，$P < 0.05$，表明零假设固定效应模型是冗余的，小概率事件拒绝冗余，摒弃混合模型；其次通过 Hausman 检验在固定效用模型与随机效应模型中进行选择，Hausman 检验

---

① 高铁梅：《计量经济分析方法与建模：EVIEWS 应用及实例》，清华大学出版社 2009 年版，第77页。

的零假设是应当选择随机效应模型，小概率事件发生拒绝零假设，选择固定效应模型。由于两个模型均有时间序列数据，因此结果选择时间固定效用模型，一方面通过截距项反映个体影响；另一方面通过时间效用的截距项反映不同时间上个体的变化。具体模型建立如下：

$$Lnpls = Lnc + lnGDP + lnpeo + at + ai$$

其中，pls 表示公共服务水平；c 是常数项；GDP 代表人均 GDP；peo 表示常住人口总量；at 表示固定效应影响；ai 表示时间效用的影响。由于医疗、养老服务水平均是经过标准化处理的，所以在加入模型前对两个自变量也进行标准化处理。

5. 模型回归结果

表 5 - 6　　　　　　　　　　面板数据回归模型

		系数	固定效用	
模型一	常数项	2.6	上海	- 0.3
	常住人口	1.5＊＊	苏州	- 1.7
	2.0	老年人口	- 1.6＊＊	大连
	少年儿童	0.1		
	人均 GDP	0.4		
	R - squared	0.9		
	Adjusted R - squared	0.8		
模型二	常数项	1.7	上海	- 1.2
	老年人口	0.9＊＊	苏州	0.1
	人均 GDP	1.7	大连	1.1
	R - squared	1.0		
	Adjusted R - squared	0.9		

注：＊＊P<0.05；＊P<0.1。

人口规模与因变量呈正相关，人均 GDP 并未呈显著相关性。模型一、模型二中显著性的结果一致，如表 5 - 6 所示，人均 GDP 对公共服务水平并没有显著的相关性，这说明城市公共服务的发展并未与经济的发展水平，即居民的需求相一致。

常住人口与公共服务水平呈显著的正相关关系，在模型一中，常住人口每增加 1 个单位，医疗服务水平增加的发生比 Odds 提高 1.5 倍，老年人口与医疗服务水平呈现显著的负相关关系，表明老年人口数量的增加导致医疗资源水平的下降，少年儿童影响不显著；模型二中，老年人口每增加 1 个单位，养老服务水平增加的可能性提高 90%。两个模型均说明公共服务的投入与居民的需求数量相关。根据俱乐部产品理论，人口总量与公共服务的供给在初期会产生"网络效应"，即随着人口的增加提高公共服务的利用率；后期随着人口增加的加剧，继而转向"拥挤效应"。在本模型的研究中，虽然不能判断拥挤效应，但是从现实状况来看，人口大量导入的大城市，给公共服务的使用带来了一定压力，然而值得庆幸的是这种压力也是动力，尤其是一些人均公共服务的指标与政府绩效相挂钩，使得政府不断增加公共服务投入的数量。此外需要注意的是，医疗资源的服务对象虽然是面向全体常住人口的，但是老年人口是享用医疗资源的主体人群，无论是在门诊费用还是在住院费用上，老年人口的医疗费用所占比例都会有明显升高，成为医疗费用中份额最大的一部分，这表明老年人口绝对数量的增加将会进一步增加医疗资源的负担，那么未来医疗资源的配置需要更多考虑老年人口的状况[1]。

上海、苏州、大连城市公共服务供需状况各异。固定效用模型反映了城市之间的差异，模型一中，以常住人口、老年人口、少年儿童、人均 GDP 为自变量，大连医疗服务供给与需求之间的差异为 1.1，上海、苏州均小于 0，即大连公共服务供给超过需求，而上海、苏州供给小于需求，且苏州的状况要差于上海。模型二中，以老年人口、人均 GDP 为需求变量，大连市养老资源的供给大于需求，苏州次之，上海市养老服务的供给小于需求。从前面现状的分析我们也看出，许多指标中，大连的供给状况与上海相当，虽然总得分大连低于上海，但是对比三个城市公共服务需求的状况，常住人口、老年人口规模以上海市最多，然后依次是苏州、大连。人均 GDP 上海与大连差异不大，苏州最多，可以说明无论是从居民对公共服务需求的数量还是质量上，大连市居民的需求要小

---

① 黄成礼、庞丽华：《人口老龄化对医疗资源配置的影响分析》，《人口与发展》2011 年第 2 期。

于上海和苏州。

表 5-7　　2000—2010 年上海、苏州、大连常住人口、人均 GDP

年份	大连			上海			苏州		
	常住人口（万人）	人均 GDP（元）	老年人数（万人）	常住人口（万人）	人均 GDP（元）	老年人数（万人）	常住人口（万人）	人均 GDP（元）	老年人数（万人）
2000	1608.6	29660.4	191.8	679.2	22683.1	65.1	589.4	18847.3	44.4
2001	1614	32280.8	195.6	694.3	25353.6	67.2	591.9	20876.1	46.6
2002	1625	35329.4	199.4	709.7	29313.4	69.3	594.4	23654.5	48.8
2003	1711	39124.7	203.3	725.5	38618.4	71.5	596.9	27350.6	51.2
2004	1742.2	46337.0	207.3	741.5	46524.5	73.8	599.5	32726.5	53.8
2005	1778.4	52000.0	211.4	758.0	54593.8	76.2	602.0	35714.3	56.4
2006	1815.3	58240.0	215.6	810.0	60501.6	78.6	605.0	42474.4	59.2
2007	1858.1	67240.8	219.8	882.0	66327.8	81.1	608.0	51496.7	62.1
2008	1888.5	74502.9	224.1	913.0	77525.6	83.7	612.0	63042.5	65.1
2009	1921.3	78313.9	228.5	937.0	82610.6	86.3	617.0	71599.7	68.3
2010	2302.7	74548.5	233.0	1046.6	88179.9	89.1	669.0	77096.7	71.6

数据来源：各城市统计年鉴计算所得。

医疗资源的时间效应波动，养老资源时间效应不断增长。最后我们分析时间效应的影响，随着时间的增加医疗服务供给水平出现波动，2000 年后医疗服务供需出现缺口，2003 年、2004 年供小于求，2005 年以后逐步回升，供给大于需求，2007 年后供需又出现缺口，2010 年供需缺口加大。2005 年来养老资源供给增加迅速，2007 年之后供给大于需求，2008 年之后供需差距的增速放缓。总的来看，近些年医疗服务、养老服务供给水平均有所提高，供给逐渐大于需求，但是从 2010 年的状况来看，尤其是医疗服务供需之间的余额大幅减少，这是由于常住人口规模的扩大导致的，正如罗斯托理论所预料的那样，在居民公共服务水平增加到一定程度之后，人口规模的多少将会成为影响公共服务供给状况的主导力量。

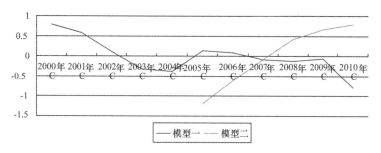

图 5 - 1　时间固定效应变化曲线

通过面板数据的分析发现，本模型的结论并未验证本书的假设，医疗资源、养老服务的供给虽然与居民的需求数量正相关，但是并未随居民的需求水平、人均 GDP 的增长而增长。此外，固定效用模型所显示的上海医疗资源、养老资源的供给小于需求，苏州医疗资源供小于需，但是养老资源供大于需，大连市两种资源供大于需，这表明供需的适应不仅取决于城市公共服务供给量，而且取决于需求量，尤其是对人口大量导入的大城市来说，公共服务需求对象规模的扩张无疑给城市公共服务的供给带来更大压力。时间效用的分析表明医疗资源的供需出现波动，目前处于供小于需的状态，而养老资源的供大于需，且随着时间的推移供需盈余拉大。

6. 理论思考及讨论

根据布坎南俱乐部产品理论及公共选择理论，城市公共服务的财政投入是由居民需求偏好决定的，由经济、人口多因素共同作用的，本书在此基础上进行了演变，建立了城市公共服务投入与需求之间是否适应的评价模型，从而判断城市公共服务供需是否适应。通过面板数据模型的回归分析，我们发现公共服务的投入与人口总量正相关，三个城市公共服务的人均公共服务的供给随着常住人口规模增加而增加，这与实际状况也比较相符，尽管部分统计口径依然以户籍人口为主，但是确保公共服务投入每年的增长已经成为肯定政府政绩的一个重要指标，常住人口的大量涌入无疑是政府投入最直接的压力之一。俱乐部产品理论中阐明了随着常住人口增加，公共服务会存在一个拥挤点，超过该点之后，居民使用的公共服务会产生一个拥挤效用，但是从现实的状况来看，政府对公共服务的投入并不是固定的，而是不断增加的过程，也即说该拥挤点是不断变化的，一方面常住人口不断增加，逼近公共服务的拥挤点；另一方面政府在人口的压力下，不断增加公共服务投入，缓解拥挤点的到来。对大城市如上海来说，常住人口大量涌入的"逼近"力量已大大超过"缓解"力量，使得人均公共服务投入下降。

通过本模型的研究，我国城市公共服务的投入与经济发展水平之间并未有显著的关系，那么不同经济发展阶段，城市公共服务的供给应当是怎样的？罗斯托在其经济发展阶段理论中有所论述，他将经济发展分为几个阶段：在经济发展早期，政府投资在总投资中占有较高比重，公共部门在提供最基本的经济基础设施，从而促进经济起飞；在经济发展的中期，市场缺陷有所削弱，民间部门力量继续上升，总投资占 GDP 的比重继续上升，但公共投资占 GDP 的比重下降，并且应该对私人投资起补充作用；一旦经济水平达到成熟阶段，公共投资的重点将从基础设施转向教育、保健和福利等社会服务方面；在大众消费阶段，社会服务和收入转移显得日益重要，而且当社会服务具有保障权利的性质时，这种支出受到人口趋势的影响越来越大，并且会大大超过别的公共支出项目，也会高于 GDP 增长的速度。从长期来看，支出结构发展模型断言：一、经济型支出占全部公共支出的比重将逐渐下降，社会服务性支出的比重将逐步上升；二、在经济型支出内部，基础设施投资将经历一个"由高至低"的转换阶段；三、社会服务性支出内部，转移支付的比重将经历"由低到高"的转换阶段①。罗斯托的理论中对各经济阶段经济发展的状态、城市公共服务的水平进行了阐述，但是如果要按此理论去探讨城市公共服务供给水平的最优状态，那么也不能得出准确的答案，这是因为其一，对经济发展阶段判断不一，一般而言对经济发展阶段的判断标准往往是经济发展水平，如以 GDP 等指标作为标准，然而近些年对经济发展阶段的判断指标趋向多元化，更多的社会发展指标被加入进来，如制度水平、创新水平等②，这些指标的加入丰富了经济发展阶段判断的全面性，但是由于指标的差异导致经济发展水平的不同，如有的学者认

---

① 岳军：《公共投资与公共产品有效供给研究》，上海三联书店 2009 年版，第 43 页。

② 梁炜、任保平：《中国经济发展阶段的评价及现阶段的特征分析》，《数量经济技术经济研究》2009 年第 4 期。

为我国处在罗斯托的经济成熟阶段，但是有的学者则认为我国已经进入
了大众消费阶段①。与此同时，除了罗斯托经济发展理论之外，还有许多
其他理论对经济发展状态的判断都有所差异，导致了不同理论指导下，
不同指标体系衡量下的经济发展阶段不具完全可比性。其二，即使是确
定了经济发展阶段，罗斯托理论中也只是描述了不同经济发展阶段社会
服务的结构及发展趋势，对各阶段城市公共服务的发展水平到底是如何
的，并未做出详细论述，如何保证适度的医疗发展水平也是未来的一个
研究难题。

第二节　城市公共服务有效分配的实证分析
——以上海为例

　　城市公共服务有效性的第二个维度是有效分配，包括两个方面：城
市公共服务配置的均等化和配置的可及性。均等化指公共服务与人口空
间分布的适应性；可及性则是资源配置的方便程度。本章采用上海市的
数据分析有效分配中存在的问题，主要是因为本章所采用基尼系数的方
法，基尼系数主要应用于收入分配的方式中，将人口平均分为100份，然
后从低到高排列各部分人口的收入。将该方法用于资源分配的过程中，
可以看出资源在人口中分配的均等化，但是由于数据的可得性，并未将
人口分为100等份，而是按照区县来进行划分的，由于上海、苏州、大连
三个城市区县划分并不一致，也即并不能将每个城市的人口等分，如对
三个城市间的基尼系数进行比较并不具合理性，但对城市内部来说，可
以通过该方法看出资源分配的均等化，具有一定意义。所以本书在有效
分配中仅以上海为例，并不对三个城市的状况进行对比分析，在本章第
四节利用该方法对这三个城市公共服务配置的有效性进行综合评价，试
图找出各城市内部供需的矛盾。

---

①　《中国社科院预测2010年人均GDP接近4000美元新阶段呈现六个特征》，《中国集体经济》2010年第1期。

一 城市公共服务的空间均等化分析

近些年，由于人口郊区化、城镇化的加速，城市内部人口空间分布变动剧烈，造成了资源供给与需求之间不匹配的矛盾，因此要分析公共服务投入是否与需求有效结合分配，首先有必要把握城市公共服务空间分配的现状。

1. 上海市公共服务空间分配的现状

上海市教育资源数据来源于 2010 年上海教育事业统计资料汇编及上海统计年鉴。上海市幼儿园资源中，卢湾区、静安区师生比最大，每百名学生拥有老师 7.8 个，此外黄浦区、闵行区、闸北区、徐汇区也在 7 个以上，杨浦区、虹口区、长宁区接近 7 个，其他区县除松江区师生比最小，为 5.6 个老师以外，其余均在 6 个以上，总的来看，幼儿园师资力量投入市区好于郊区；小学资源师生比最小的依然是松江区，崇明县则是师生比最大的区县，崇明县师资力量之所以要好于其他区县，是因为与其他郊区区县相比，崇明人口变动并不强烈，属于郊区中较为稳定的区域。除此以外，市区师生比与郊区师生比出现显著分化，郊区各区县小学师生比未超过 7，市区均高于 7；在上海市初中师生比中，浦东新区每百名学生拥有教师数量最少为 7.2 人，虽然初中师生比郊区依然差于市区，但二者师资力量的分化并没有如同小学、幼儿园资源那样分明。高中资源中，青浦区师生比最小，除普陀区、闵行区外，其他郊区区县师生比均小于市区。

整体来看，上海市高中教育资源师生比要高于幼儿园、小学和初中，这也是由于近些年进入第四次出生高峰的缘故，人口对幼儿园、小学的冲击比较明显，加之外来随迁子女纳入本地义务教育中，幼儿园、小学资源的紧缺已经凸显。此外，从空间分布上来看，各教育资源的师生比均表现出市区高于郊区的趋势，上海市人口向郊区转移的趋势加剧，给郊区的教育资源带来较大冲击。

表5-8　　　　　　　　2010年上海市各区县基础教育师生比

	幼儿园	小学	初中	高中		幼儿园	小学	初中	高中
卢湾区	7.8	9.6	9.8	12.7	嘉定区	6.7	5.3	8.4	9.9
静安区	7.8	7.9	7.9	10.6	闵行区	7.3	5.9	9.4	10.9
黄浦区	7.5	9.6	8.1	10.1	浦东新区	6.7	6.1	7.2	9.9
虹口区	6.8	8.7	8.5	10.4	宝山区	6.3	6.4	7.8	9.3
核心	**7.3**	**8.9**	**8.4**	**10.6**	**近郊**	**6.8**	**6.**	**7.8**	**10**
闸北区	7.3	7.4	8.2	9.9	松江区	5.6	5.0	7.4	9.1
长宁区	6.7	8.2	8.5	9.9	奉贤区	6.3	5.6	7.5	9.3
徐汇区	7.1	7.3	7.8	10.4	金山区	6.4	6.2	8.3	9.2
杨浦区	6.9	8.8	8.6	10.8	青浦区	6.7	5.6	7.8	8.4
普陀区	6.1	6.1	7.8	9.3	崇明县	6.6	9.7	10	9.0
边缘	**6.8**	**7.5**	**8.2**	**10.2**	**远郊**	**6.2**	**5.9**	**8.1**	**9.0**
全市	**6.7**	**6.4**	**8.0**	**9.9**					

千人床位数代表了医疗资源的硬件投入，上海市静安区排第一位，每千人床位数为21.0张，其次是卢湾区（18.0张）、黄浦区（13.4张）、徐汇区（12.2张），嘉定区、青浦区排在倒数第一、第二位，均为2.1张，整体来看，市区千人床位数远高于郊区，而核心区（12.4张）又要高于城市边缘区（6.7张）。郊区中近郊区千人床位数略低于远郊区；从千人医生数来看，与硬件投入状况近乎一致，市区中的核心区千人医生数为6.6人，是城市边缘区（3.1人）的两倍，近郊、远郊千人医生数分别为1.4人、1.5人，与市区的差异非常大。

表5-9　　　　　　2010年上海市各区县医疗资源分布　　　　单位：张、个

	千人床位数	千人医生数		千人床位数	千人医生数
黄浦区	13.4	7.5	闵行区	3.1	1.3
卢湾区	18.0	9.5	宝山区	2.5	1.3
静安区	21.0	12.6	嘉定区	2.1	1.3
虹口区	7.7	3.7	浦东新区	3.0	1.5
核心	**12.4**	**6.6**	**近郊**	**2.8**	**1.4**

续表

	千人床位数	千人医生数		千人床位数	千人医生数
徐汇区	12.2	5.4	金山区	5.1	2.2
长宁区	6.8	4.0	松江区	2.6	1.3
普陀区	4.1	2.0	青浦区	2.1	1.3
闸北区	5.9	2.5	奉贤区	4.2	1.4
杨浦区	4.9	2.4	崇明县	4.9	2.0
边缘	**6.7**	**3.1**	**远郊**	**3.5**	**1.5**
总计	**4.6**	**2.2**			

本书采用每百名 60 岁及以上户籍老年人口拥有养老机构床位数来分析老年人口与机构养老资源的匹配状况，其中上海市老年人口数据来源于统计年鉴，养老资源分区县状况来源于各区县 2010 年社会与经济统计发展公报，缺失的静安区、崇明县数据根据已有研究推算所得。

从老年人口分布来看，浦东新区是老年人口分布最多的区域，占全市老年人口的 18.5%；从区域上看，近郊区老年人口分布最多为 35.2%，其次是城市边缘区为 30.3%，城市核心区最少为 15.3%。但从每百位老人拥有的床位数来看，核心区百名老人拥有床位数均未超过 3，且离标准有较大距离，边缘区各区县略小于 3，近郊区百名老人床位数均超过了 3，远效区除金山区，其他区县均达标。

表 5 - 10　　2010 年上海市各区县老年人口及养老机构床位数分布　单位:%、张

	60 岁及以上老年人口比重	每百名老人床位数		60 岁及以上老年人口比重	每百名老人床位数
黄浦	4.4	2.1	闵行	6.5	3.5
卢湾	2.4	2.2	宝山	6.1	3.7
静安	2.5	1.1	嘉定	4.1	3.8
虹口	6.0	1.8	浦东	18.5	3.6
核心	**15.3**	**1.9**	**近郊**	**35.2**	**3.6**

续表

	60 岁及以上老年人口比重	每百名老人床位数		60 岁及以上老年人口比重	每百名老人床位数
徐汇	6.8	2.0	金山	3.5	2.8
长宁	4.4	2.9	松江	3.6	3.2
普陀	6.5	2.3	青浦	3.1	4.0
闸北	5.0	2.6	奉贤	3.5	3.3
杨浦	7.7	2.4	崇明	5.4	3.3
边缘	**30.3**	**2.4**	远郊	**19.1**	**3.3**
合计	**100**	**2.9**			

2. 城市公共服务有效分配的理论基础及方法介绍

如同私人产品的公共区位选择一般，城市公共服务的配置也具有一定的服务半径及服务人群，不同的是私人物品的空间区位选择是以获取利润最大化为目的的，而公共服务空间配置的目的则是为了使居民享有公共服务，最大限度取得社会福利。在公共服务的城市规划中，遵循了空间区位的理论准则，公共服务设施的配置一般以一定的人口作为单位，以达到居民使用公共服务的最大效率，但同时公共服务的规划及配置又受到福利经济学的影响，社会福利的一个重要标准是公平性，提供给每个居民服务数量和质量相同的公共服务。然而在现实中，由于城市的扩张、人口的变动等原因，公共服务并不能完全遵循理论配置，损害了社会福利。本书借鉴地理学中的方法，计算各区县每位居民获得公共服务的机会，然后用基尼系数的方法去判断区域间机会的差异程度，来反映城市内部不同区域间公共服务分配的均衡性。

基尼系数与洛伦兹曲线是经济学中衡量收入分配是否平等的方法之一。洛伦兹曲线是德国统计学家洛伦兹提出的社会收入分配平等的曲线，横轴是人口累计百分比，纵轴是居民收入累计百分比，OL 是收入绝对平等的状态，离 OL 越近表明收入分配状况越平均，越是远离对角线的洛伦兹曲线说明收入分配越悬殊。洛伦兹曲线可以形象直观，但是却不能全面概括收入分配的总体情况，基尼系数则是在洛伦兹曲线的基础上得出的一个社会实际收入分配比例偏离总体平均分配状况的百分比，反映一个社会的总体收入分配状况，如图 5 - 2 所示，A 是 OL 直线与 OL 曲线之间所夹的面积，表示实际收入分配与收入均等平衡曲线之间的面积，实际收入分配曲线右下角的面积为 B，则基尼系数为 A 与 A + B 面积的比。基尼系数在 0—1 之间取值，值越大说明收入分配越不均匀。基尼系数的研究步骤是：首先将研究对象按人均收入分组（或不分组），若不分组，则每一户或每个人为一组。计算每组收入占总收入比例（Wi），每组人口占总人口的比例（Pi）。按收入由低到高进行排序，然后计算收入累积比例（Qi）将收入从低到高排列，计算累计百分比，基尼系数的计算公式如下：

$$G = 1 - \sum_{i-1}^{n} Pi \times (2Qi - Wi)$$

其中：
$$Qi = \sum_{k-1}^{i} WK$$

或
$$G = 1 - \sum_{i-1}^{n} Pi \times (2\sum_{k-1}^{n} Wk - Wi)$$

本书将基尼系数应用在公共服务资源与人口配置是否均匀的衡量中，那么横轴表示公共服务对象的累计百分比，纵轴表示所获得公共资源的累计百分比。

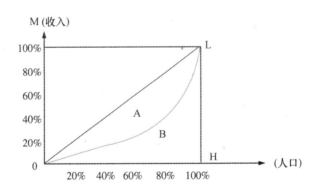

图 5 - 2 洛伦兹曲线

基尼系数是经济学中测量公平性的主要方法，应用十分广泛，如对居民收入差异的研究，自 20 世纪 90 年代以来，基尼系数逐渐被引用到区域差异的分析中来，如对我国各省市之间人均 GDP 的区域差异分析、对城市居民可支配收入不平等程度的分析等①。虽然基尼系数广泛地用于对区域差异的分析，但是多是集中在经济指标的范围之内。近几年该指标的应用面进一步拓展，被许多学者用于对公共服务公平性的研究中来，如在医疗资源研究中，采用机构数、床位数以及医生数量来研究区域医疗资源投入的公平性②。采用此种方法对公共资源进行研究有几种好处，一、可以充分考虑人口分布与资源配置的适用性；二、每种资源配置的指标可以得出一个公共资源区域配置的基尼系数，可以判断公共服务配置的均衡性。

在本书的研究中，首先根据人均拥有资源量将城市各区域公共资源从小到大排位，然后根据公式计算各城市公共资源分布的基尼系数。依据黄金分割律，国际上通常将基尼系数 0.382，或 0.4 作为收入分配差距的"警戒线"，超过该"警戒线"即跨入收入差异悬殊的国家。既然在本书中资源分配采用了基尼系数的方法，那么也将 0.382 作为公共资源空间配置的"警戒线"。

3. 上海市公共服务资源基尼系数测算

由于没有得到分区县教育资源生均面积，因此教育资源的基尼系数仅测算师生比的状况。经过计算，上海市幼儿园资源的基尼系数为 0.0404，小学资源基尼系数为 0.0943，初中资源基尼系数为 0.0519，高中资源基尼系数为 0.0396，均小于基尼系数警戒线 0.382，说明上海市幼儿园资源配置的公平性较高；医疗资源的配置中，上海千人医生的基尼系数为 0.3185，千人床位数的基尼系数为 0.3257，虽未超过黄金分割定律的"警戒线"0.382，但是也已接近警戒线；上海市机构养老资源的基尼系数为 0.1398，郊区好于市区。

---

① 刘慧：《区域差异测度方法与评价》，《地理研究》2006 年第 4 期。

② 齐明珠、童玉芬：《北京市区县间医疗资源配置的人口公平性研究》，《北京社会科学》2010 年第 5 期。

表5-11　　　　　　　　　　**上海公共服务有效分配的基尼系数**

	教育				医疗		养老
	幼儿园	小学	初中	高中	医生	床位	机构养老
上海	0.0404	0.0943	0.0519	0.0396	0.3185	0.3257	0.1398

从三种资源的空间分布来看，上海市医疗、养老资源的空间不均衡问题较为严峻。教育资源的均等化配置在各资源中走在前列。在上海教育事业"十五"计划中，就提出了"通过中小学标准化建设的工程，改造三类校以下的初中、小学的目标，全市2000余所中小学在'十五'期间初全部达到一、二类学校标准，同时幼儿园也开始着手标准化建设"。虽然在该规划中未明确提出基础教育均等化建设的目标，但是中小学学校标准化的建设无疑改善了一些落后区县中小学的校舍环境，有利地促进了校舍投入的均等化进程。在"十一五"教育规划中，"推进基础教育均衡发展"成为了"十一五"期间重点项目之一，此时已明确提出了通过市级转移支付的方式，加强远郊区、薄弱地区教育经费的投入，实现区域内教育设备配置基本无差别。同时推进教师的流动，促进城区教师团队去远郊区学校服务，提高郊区教师生活待遇，提升教育质量。"十一五"规划中通过转移支付等方式为教育投入均等化提供了有力的财政支持，不仅进一步加强了教育设施的均等化，而且通过教师支教等方式注重提高郊区师资力量的投入水平。"十二五"基础教育规划出台之际，基础教育资源面临着两大挑战：一是基础教育资源布局与城市人口分布态势的不均匀，据上海市第六次人口普查显示，十年间上海市人口分布变动剧烈，市中心人口导出，郊区人口大量导入，由于城郊结合地区街镇原来以户籍人口为基数来配置教育资源，加上前几年部分街镇存在教育资源缺配与漏配的问题，因此在实有受教育人口急剧增加的情况下，教育资源十分紧缺。二是入学高峰的到来与教育资源存量之间的矛盾逐步凸显，由于第四次出生高峰的到来及外来务工人员随迁子女的增加，给教育资源，尤其是给幼儿园、小学资源带来的冲击较大，为此规划提出了人口与教育资源的协调布局，在一些教育资源紧缺的地区新增150所中小学、幼儿园，以常住人口为基础优化配置教育资源。同时通过教师跨校交流、组织中心城区品牌学校赴郊区办学、建立均等化发展督导评估

机制等方式，加大城市教育资源的均衡化发展。至此教育资源均等化的措施已不仅局限在财政倾斜投入、师资力量加强等软硬件投入均等化方面，而是将均衡化教育加入督导评估机制的框架中去。不仅是城市中心与郊区之间地域上的均等，而更强调教育资源与人口之间的协调匹配发展。综上所述，教育作为政府最为重视、民众最为关心的部分，均等化的步骤显然要比医疗、养老资源的均等化进程要快。

　　然而事实并未如想象的一样完美，徐汇区是上海市教育资源较为发达的地区，在徐汇区进行调研的时候发现，一边是教育局在实施徐汇区教育均等化方面下了非常大的力气，通过校舍面积投入的均等化，及教师和校长轮岗等方式使徐汇区义务教育资源实施了最大程度的均等化配置；另一边居民依然通过买房等方式进入所谓"重点小学、初中"进行择校。之所以出现这种状况，一、由于传统的优质教育资源经过了较长的历史积累，即使是通过一系列均等化的措施，也并不能迅速将这些优势磨平。二、长期以来，"优质"教育资源在学生生源上存在很大优势，形成马太效用。三、这些"优势"在居民心中根深蒂固。由此导致的"择校"现象屡禁不止。为此本书接下来将探讨人口与优质教育资源的配置状况。

二　优质公共服务的空间均等化

1. 优质资源的定义

　　在现实中，不同级别的资源对居民的吸引程度不同，尤其是在同样条件下，优质公共资源对居民的吸引力更大。何为优质资源？教育资源中的优质资源一般指重点学校，仅高中、幼儿园有重点学校，义务教育阶段是均等化配置的，不存在重点学校一说。但是现实中却不同，与高中重点学校不同的是，义务阶段的优质教育资源实际上是民间的一种认可，正如前文所述，由于历史上的原因造成的部分学校在校舍、师资、生源等方面具有优势，被广大民众所认可的，在师资力量投入上优于其他学校的"重点学校"，称为"优质"教育资源。

　　《医院分级管理标准》中规定，我国医院根据功能、设备、技术力量等指标对医院进行资质评定，全国医院确定为三级，每级再划分为甲、乙、丙三等，其中三级医院增设特等，共分为三级十等。一级医院是直接为社区提供医疗、预防、康复、保健综合服务的基层医院，是初级卫生保健机构，其主要功能是直接对人群提供一级预防，在社区管理多发病、常见病、现症病人，并对疑难重症做好正确转诊，协助高层次医院搞好中间或院后服务，合理分流病人。二级医院是跨几个社区提供医疗卫生服务的地区性医院，是地区性医疗预防的技术中心，其主要功能是参与指导对高危人群的监测，接受一级转诊，对一级医院进行业务技术指导，并能进行一定程度的教学和科研。三级医院是跨地区、省、市以及向全国范围提供医疗卫生服务的医院，是具有全面医疗、教学、科研能力的医疗预防技术中心。其主要功能是提供专科（包括特殊专科）的医疗服务，解决危重疑难病症，接受二级转诊，对下级医院进行业务技术指导和培训人才，完成培养各种高级医疗专业人才的教学和承担省以上科研项目的任务，参与和指导一、二级预防工作。本书优质医疗资源是指市级医院，即三级及以上医院，这部分医院与一级、二级医院有一定区别，在医疗水平、医疗设备等方面具有较突出的优势。

2. 优质资源分布的均等化

幼儿园、高中优质资源来源于上海教育网站中实验幼儿园、实验高中的数据，小学、初中"重点学校"数据。一是参考各网站分类，二是根据建校时间及历史，三是在调研中根据居民观念中的传统"重点学校"归纳而得。一般来说，幼儿园适龄儿童是3—5岁，小学适龄儿童在6—11岁，初中适龄儿童在12—14岁，高中适龄儿童在15—17岁，本书采用上海市第六次人口普查的数据对各阶段学龄儿童的分布与优质教育资源的分布进行分析。优质医疗资源是参考上海卫生网站公布的三级及以上等级的医院[①]。

从常住学龄儿童的分布来看，幼儿园适龄儿童郊区分布将近8成，市区仅占2成多。小学、初中、高中郊区适龄儿童均在7成以上；与此同时，各阶段优质学校数量均是市区多于郊区，与适龄儿童的分布十分不协调。

---

① 上海卫生网站。（http：//www.91985.com/wsjdemo/wsxy/daoyixzqy.asp.）

表5-12　　　　　　　　**2010年上海市各区县学龄儿童分布**　　　　　单位:%

	常住学龄人口				优质教育资源数			
	3—5岁	6—11岁	12—14岁	15—17岁	幼儿园	小学	初中	高中
黄浦	1.3	1.6	1.9	2.0	3	8	7	5
卢湾	0.7	0.9	1.0	1.0	2	5	4	3
静安	0.7	0.9	1.1	1.0	4	3	4	3
虹口	2.6	3.0	3.7	3.3	3	5	4	4
徐汇	3.6	4.1	4.9	4.2	2	14	5	6
长宁	2.2	2.4	2.8	2.5	3	4	6	2
杨浦	4.0	4.2	5.2	4.9	3	10	5	5
闸北	2.7	2.9	3.6	3.3	2	4	5	4
普陀	4.7	4.5	5.0	4.6	3	6	5	3
市区	**22.4**	**24.5**	**29.1**	**26.7**	**25**	**59**	**45**	**35**
闵行	12.6	11.0	9.1	9.8	1	10		2
嘉定	8.7	8.4	8.4	7.5	1	9		1
松江	6.6	6.3	5.2	6.2	1	6		1
浦东	24.8	23.8	23.1	22.1	6	14	10	5
宝山	3.2	3.9	4.2	4.2	3	8		2
金山	7.7	7.4	6.3	8.8	1			2
青浦	5.5	5.5	5.0	5.5	1	2		1
奉贤	5.9	6.4	5.8	5.8	1			1
崇明	2.6	2.8	3.8	3.5	1			1
郊区	**77.6**	**75.5**	**70.9**	**73.3**	**16**	**49**	**10**	**16**

　　从三级及以上优质医疗资源的分布来看,徐汇区拥有14所三级医院,为全市最多,其次是静安区,有10所,全市8成(52所)的三级医院分布在市区,郊区仅有2成13所三级医院,且仅浦东、闵行、金山、宝山有三级医院分布,其他5个郊区无三级医院。而上海市常住人口表现出向郊区集聚的态势,与优质医疗资源的分布极度不符,造成了郊区居民看病的不便。

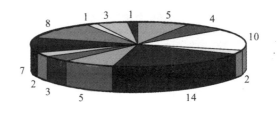

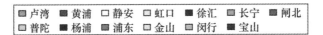

图 5 - 3　2010 年上海市各区县三级医院数量分布

与教育资源不同的是，优质医疗资源客观存在，且多分布在市区，但是因为居民可跨区域选择医疗资源，因此不像"优质"教育资源那样对居民的吸引那么强烈。然而也正是由于优质医疗资源的这些特点，使居民在使用过程中产生了许多不便。以徐汇区为例，徐汇区是优质医疗资源较多的区域，为本区居民就近使用优质医疗资源提供了良好的条件，但是据徐汇区卫生局的调查数据显示，区域内三级医院门急诊资源本区占用的约 28.7%，本市其他区 54.5%，外省市 16.8%；住院资源本区居民占用的约 12.0%，本市其他区 45.1%，外省市 42.9%[①]。优质医疗资源的服务半径较大，从居民角度来看，本区居民并未过多享受优质医疗资源，有强烈的被外区居民"挤占"医疗资源的感受；外区居民为了优质医疗资源选择到本区看病，需要克服比本区居民更长的时间、空间距离，产生看病不便的感觉；从医院的角度来说，每天大量的病人，给医生带了较大的工作压力，看病时间缩短，病历标准化模式风行，服务质量下降。一方面在统计中徐汇区优质医疗资源丰富；另一方面本地居民并未享受过多的优质医疗资源。为了较明确地区分优质医疗资源的实际分布，本书按照前文中说明的两种方案对城市医疗资源实际的基尼系数重新估算：第一种方法，考虑地域的可及性，市区的三级医院资源平分到市区各个区县，郊区由于地域广泛，各区域三级医疗资源依然计算在

---

① 上海徐汇区发改委、华东师范大学人口所：《徐汇区人口资源与经济社会发展的关系研究》，2012 年。

本区域内，据市卫生局统计①全市三级医院 2.59 万张床位，有 2.15 万张位于市区医院，0.44 万张位于郊区三级医院，市区万人拥有三级医疗床位数为 30.77 张，郊区仅为 2.74 张，优质医疗资源属于极度不均的状态。在这种方案下，郊区医疗资源的状况不变，而九个市区之间平分 2.59 万张优质医疗资源床位数，市区之间的医疗资源差异缩小，但是市区与郊区之间的差异并未改善。第二种方法，进一步扩大市级医院的服务半径，其服务功能是为全市人民服务的，那么 4.31 万张三级医院床位数平分到上海市各个区县，那么市区与郊区医疗床位数之比由原先的 1∶1.09 提高至 1∶1.55。人均床位数之比由原先的 2.8∶1 下降至 1.97∶1，市郊区医疗资源之间差异有所下降。由于没有分区县三级医院床位数、医生数，因此这两种方法仅能粗略地分析市区与郊区之间资源的状况，却并不能得出确切的基尼系数数据。

三 城市公共服务空间配置的可及性

城市公共服务的空间可及性主要反映的是居民就近使用公共服务的方便性。一般来讲，对一些基层公共服务具有全覆盖的要求，本书涉及的基本公共服务包括基础教育、社区卫生中心。基本教育采用各阶段入学率来反映，社区卫生中心的可及性则采用覆盖率来反映。2010 年上海市义务阶段学龄儿童的净入学率均达到 99.9%，高中阶段新生入学率为 96.5%，普通高中为 51%。

据上海市卫生改革与发展"十一五"规划统计，"十一五"末上海市社区卫生服务标准化建设全面完成，全市每个街道（乡镇）设置 1 所政府举办的社区卫生服务中心，城区每 3—5 个居委会或 1 万—2 万服务人群设立一个社区卫生服务站，郊区每一个中心村设置 1 个村卫生室；到 2010 年年底，全市共设有社区卫生中心 240 家，社区卫生服务站 738 家、村卫生室 1476 家，社区卫生服务网络在形态布局上实现了"从纵向到底、横向到边"。

---

① 上海市卫生局：《上海三年内三级医院覆盖市郊各区县，看病更方便》。（http：//www. health. sohu. com/20081226/n261438192. shtml）

第三节　城市公共服务有效利用评价
——以上海为例

公共资源的有效利用是居民对公共服务的评价，是公共服务最终使用者的判断。在有效利用的评价中本书采用两种方法，一种是显示偏好方法，从客观角度分析居民对公共服务的行为偏好，通过居民对公共服务设施的使用频率来判断；另一种是表达偏好方法，从主观角度分析居民对公共服务的心理偏好。

一　城市公共服务的显示偏好

1. 居民对医疗资源的利用率

医疗资源中分为医疗床位的利用率和社区卫生中心的利用率，以区别不同级别资源的利用率。据统计，2010 年上海市综合医院床位利用率为101.0%，比 2005 年提高了 2 个百分点；中西医专科医院利用率为95.2%，略低于综合性医院，利用率比 2005 年提高了 4 个百分点；老年护理院利用率为100.9%，比 2005 年提高了 4 个百分点；社区卫生服务利用率为86.9%，比 2005 年降低了 4 个百分点。如果床位使用率超过85%，极大地增加了周期性床位危机风险，这种危机可能导致急性病人无法进入医院①，这说明目前上海市医疗资源整体上都处于供不应求的状态。从床位的周转次数来看，2010 年综合医院、中医院的周转次数分别为 33.9 次、26.1 次，比 2005 年均有所增加，老年护理院、社区卫生服务中心床位周转次数分别为 4.2 次、7.2 次，远低于医院的周转次数，且比 2005 年略有减少。无论利用率还是床位周转次数，医院均高于社区卫生服务中心，这反映出目前居民对医疗资源的需求更趋向于二、三级医院，社区卫生中心的利用率相对较低。

---

① 赵越、刘朝杰：《医院床位配置根据产出的调整》，《中国医院管理》2007 年第 27 期。

表 5 - 13　　　　　　　　2005 年、2010 年上海市病床利用情况

年份		综合医院	中（西）医医院	护理院	社区卫生服务
2010	病床使用率（%）	101.0	95.2	100.9	86.9
	床位周转次数（次）	33.9	26.1	4.1	7.2
2005	病床使用率（%）	98.7	91.7	96.3	90.3
	床位周转次数（次）	25.8	17.9	4.5	9.4

2. 养老资源的利用率

从养老机构床位的入住率来看，由于养老机构不同性质、不同地理位置对入住率有较大的影响，因此需要区别对待。一般来说，郊区养老机构床位入住率低于市区，据某网站调查，上海市某郊区养老床位数入住率不到50%。松江、嘉定、青浦等部分郊区养老机构的床位并不紧张，即刻入住[①]，而市区则截然相反。之所以出现这种现象主要有以下几方面原因：郊区土地资源丰富，地价便宜，养老机构容纳的床位数多于市区；郊区养老资源的密度低（见图5-4），服务半径大，导致部分养老机构离家相对较远，而老人一般都希望住在离家近的养老院，方便与子女团聚；郊区养老院等配套设施不如市区丰富，尤其是医院设施配置不及市区，导致郊区养老机构入住率不高。在同一区县内，这种现象也存在，以徐汇区为例，2010 年与郊区接壤的南部漕河泾、凌云街道、华泾镇养老机构的入住率分别是56.2%、76.5%、73.8%[②]，而南片老城区养老资源则一床难求。

3. 教育资源的利用率

班额达标率指达到规定班额标准班级的比率，与利用率不同的是，班额达标率仅能反映需求超过供给的状况，比如，小学一个班的班级配额是40人，那么超过40人的班级则不达标，由于实行小班制，小于或等于40人的班级均算作达标。班额达标率越高，说明教育供需协调度越好，反之只能说明教育资源的供给不能满足需求。

① 《上海城郊养老机构"冰火两重天"》。（http://www. xiangrikui. com/yanglao/pinglun/20120716/243820_ 1. html）

② 上海徐汇区发改委、华东师范大学人口所：《徐汇区人口资源与经济社会发展的关系研究》，2012 年。

图 5 - 4 2007 年上海市养老机构分布①

上海教育事业统计数据显示，2009 年全市教育资源中，高中班额达标率最高（99.7%），初中次之（84.6%），小学班额达标率排第三（83.6%），幼儿园达标率最低（68.2%）。近年来，随着出生高峰的逐渐到来，幼儿园入园矛盾日趋突出，班级超额现象较为普遍。从各区县看，2009 年高中班额达标率均在 97% 以上；初中班额达标率核心城区最高，小学班额达标率中心城区在 95% 以上，郊区的班额达标率相对较低，尤其远郊区，仅为 58.05%；在幼儿园班额达标率中，中心边缘区最高为 87.4%，核心区次之为 71.5%，近郊区、远郊区较低分别为 58.0%、51.8%；与 2008 年相比，幼儿园班额达标率中心边缘区、郊区均有所提高，而中心核心区却有所减少。

———————————

① 焦亚波：《社会福利社会化背景下的上海养老机构发展研究》，博士论文，华东师范大学，2009 年。

整体来看，高中、初中教育资源比较充足，幼儿园、小学班级超额现象突出，幼儿园超额现象尤为严重，从两个年度的比较看，郊区超员现象要远高于中心区。不同城区教育资源供需存在结构性矛盾，一方面是人口规律自身发展变动的结果；另一方面是人口的空间重构加剧了区域之间资源配置不均衡的矛盾。

表 5 – 14　　　　　2008 年、2009 年全市基础教育各学段
班额达标率情况汇总　　　　　单位:%

	2008 年				2009 年			
	幼儿园	小学	初中	高中	幼儿园	小学	初中	高中
全市	**61.7**	**85.6**	**82.6**	**99.6**	**68.2**	**83.6**	**84.6**	**99.7**
黄浦	79.0	100.0	93.5	100.0	69.5	100.0	94.3	100.0
卢湾	93.3	99.6	99.5	100.0	84.4	100.0	98.5	100.0
静安	100.0	91.1	79.1	100.0	100.0	100.0	96.8	100.0
虹口	43.1	87.2	84.3	97.1	32.3	84.4	88.7	97.4
核心	**78.8**	**94.5**	**89.1**	**99.3**	**71.5**	**96.1**	**94.6**	**99.4**
徐汇	79.7	100.0	82.8	99.5	87.6	100.0	89.0	100.0
长宁	86.6	98.7	98.1	100.0	95.9	100.0	98.5	100.0
普陀	87.1	95.0	81.0	99.3	87.2	96.3	85.0	99.6
闸北	75.7	93.3	91.0	100.0	82.5	95.5	91.9	100.0
杨浦	82.0	100.0	97.3	99.3	84.0	100.0	100.0	100.0
边缘	**82.2**	**97.4**	**90.0**	**99.6**	**87.4**	**98.4**	**92.9**	**99.9**
闵行	72.0	89.9	89.2	99.4	70.2	75.4	89.8	100.0
嘉定	31.8	83.1	80.2	100.0	72.1	78.8	96.3	100.0
宝山	46.7	92.9	80.4	98.7	26.9	81.5	72.2	98.7
浦东	78.2	81.1	68.6	100.0	62.8	79.6	74.6	100.0
原南汇	26.5	70.9	71.1	100.0				
近郊	**51.0**	**83.6**	**77.9**	**99.6**	**58.0**	**78.8**	**83.3**	**99.7**
金山	16.5	84.1	86.9	100.0	61.0	63.7	75.5	100.0
松江	19.5	58.6	64.1	98.5	16.1	27.8	58.3	98.0
奉贤	51.7	37.4	42.2	100.0	89.1	47.7	36.5	100.0
青浦	16.9	60.6	73.7	100.0	24.4	57.8	69.9	100.0
崇明	59.2	83.4	98.5	100.0	68.6	93.2	90.3	100.0
远郊	**32.8**	**64.8**	**73.0**	**99.7**	**51.8**	**58.1**	**66.1**	**99.6**

注：黄浦区为原黄浦区。

从公共服务利用率中可以反映居民对当前公共服务使用的几种偏好：一、综合医院偏好，相比社区卫生服务中心，医院在医疗水平和设施上都具有优势，那么在同样条件下，居民显然会选择医院就诊。然而医院资源利用率反映了现实中公共服务供小于求的现状，以医疗资源为例，据美国国家卫生计划指导方针规定，综合医院最低平均床位使用率为80%，长期使用85%的床位使用率则是决定是否需要增加医院床位数的标准①，那么上海市综合医院的利用率显然已远超过了标准，处于高负荷运作的状态。即使是利用率最低的社区卫生服务中心利用率也超过85%，医疗设施长期高负荷运作反映了医疗资源的短缺，在资源紧缺的情况下，利用率只能反映居民对不同类型医疗机构的偏好，而不能表达他们的满意度，即虽然综合医院的利用率较高，但是并不能说明居民对综合医院的服务满意，这就需要结合主观表达偏好指标的运用去判断。二、与医疗、教育资源供不应求的状况不同，养老资源的利用率可以较为直观地反映出居民的偏好及满意度，居民对养老资源的利用有显著的市区偏好、公立偏好，导致了不同类型养老资源利用率差异较大，因此在配置资源的时候就可以根据居民的偏好，找出不同类型养老资源之间的差异，提高养老资源的利用率。

二 城市公共服务的表达偏好

利用率是从居民的行为角度对偏好的间接揭示，满意度则是主观测量居民偏好的直接指标。本书借鉴顾客满意度理论，采用或有评价方法来研究居民对公共服务的满意度。

1. 理论基础及研究方法

顾客满意度模型最早是在瑞典建立的，目前被广泛应用的是美国的顾客满意度模型，该模型中，顾客的感知质量、感知价值、顾客预期影响了顾客的满意度，而顾客的满意度又作用于顾客抱怨、顾客忠诚，以上六个变量相互影响，共同决定了顾客的总体满意度②。可见，顾客满意

---

① ［美］MacStravic R. S.：《床位使用率的标准》，付大绥译，《国外医学》（卫生经济分册）1983 年第 3 期。

② 刘武、杨雪：《论政府公共服务的顾客满意度测量》，《东北大学学报》（社会科学版）2006 年第 2 期。

度的总体评价并不是一个单独的概念，而是由事前顾客的感知质量、预期和感知价值等期望，及与顾客抱怨、忠诚等行为密切相关。新公共管理理论倡导政府的运营如同企业一样，居民即顾客，那么公共行政就要以居民的满意度为导向，顾客满意度理论被广泛用于政府评价中来。我国公共服务满意度的使用尚处于起步阶段，一些科研机构、民间调查组织发起了许多关于我国公共服务满意度的调查，得出了一些较有意义的研究成果，对充分了解居民公共服务的偏好及评价起到了较好的作用。

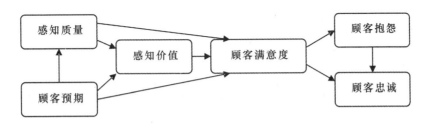

图 5 – 5　美国顾客满意度指数结构模型

　　或有评价法通过问卷的方式，制定了一系列顾客满意度指标体系，了解顾客对产品的总体满意度。通过调查问卷，了解被调查者真实表达意愿的调查方法，常常被用在公共服务供给效用的研究中，反映居民对公共物品的偏好，同时它也是地方政府绩效评价的一个重要方面。从目前我国学者的研究来看，对公共服务满意度的测评分为两类：一类是按照国际通用顾客满意度指数模型，建立指标体系，对我国公共服务的满意度进行打分测评①；另一类则采用比较简洁的方式，让居民对某项公共服务进行总体评价，然后通过回归分析，把握人口学变量、家庭特征等因素对公共服务满意度的影响，从而判断居民的需求偏好②。本书采用后一种做法，首先得到居民对公共服务的总体满意度，然后探讨不同人群对居民偏好的差异。

　　运用主观指标进行调查，必须遵循抽样调查的随机原则，注意样本

---

　　①　何精华、岳海鹰、杨瑞梅：《农民公共服务满意度及其差距的实证分析——以长江三角洲为例》，《中国行政管理》2006 年第 5 期。

　　②　孔祥智、涂胜伟：《新农村建设中农户对公共物品的需求偏好及影响因素研究——以农田水利设施为例》，《农业经济问题》2006 年第 10 期。

的代表性。在样本选择的初期，尽量在文化程度上、地域分布上接近人口的实际情况，以提高样本的代表性。

2. 居民满意度及偏好

2010—2011年，在上海市部分区县陆续进行了问卷调查，问卷具体内容详见附录（由于在上海市各区县、苏州、大连进行的调查问卷内容基本相同，因此附录中仅附上宝山区调查问卷以供参考）。调查选取了城市中心区的普陀区，郊区的宝山区、嘉定区作为调查点，各区县采用分层抽样法，其中普陀区问卷1597份、宝山区与嘉定区共3814份，市区与郊区样本的比为2.39∶1，近似上海市第六次人口普查市区与郊区常住人口之比：2.29∶1。基本情况如下：

表5-15　　　　上海市公共服务与居民需求问卷调查的基本情况　　　单位:%

	男	女			
户籍	53.7	46.3			
	已婚	未婚	丧偶	离婚	
	86.5	10.0	2.0	1.5	
	小学及以下	初中	高中	大专	本科及以上
	24.0	30.2	27.5	12.2	6.1
外来	男	女			
	48.0	52.0			
	小学及以下	初中	高中	大专	本科及以上
	8.1	42.5	24.4	17.2	7.9
	已婚	未婚	丧偶	离婚	
	89.8	8.9	0.3	1.0	

如表5-16所示，户籍人口对资源的评价中，体育服务得分最高为3.1，首先是文化服务（2.9），教育服务（2.9），二者差异不大，卫生服务得分2.8，养老服务得分最低为2.7分，得分越低说明居民不满意度较高，认为该资源需要改善的地方越多；外来人口对资源的评价中，体育、文化服务的得分依然排在前两位，均为3.3分，教育服务得分3.1分，卫生服务得分最低为3.0。从户籍人口与外来人口的评价来看，两个群体普

遍认为医疗资源是目前最不满意的资源,其次是教育,文化、体育次之;
二者显著的不同是外来人口对公共服务的各项评分都低于户籍人口,1—
5 个得分分别对应着非常不满意、不满意、一般、满意、非常满意,那么
外来人口的满意度整体上处于一般与满意之间,而户籍人口则处于不满
意与一般之间,说明外来人口对上海市公共服务的满意度要高于户籍
人口。

表5-16　　　　　　　上海市各项公共服务满意度得分　　　　　　单位:%

		5	4	3	2	1	平均得分
户籍	教育	20.8	16.8	19.4	19.3	23.8	2.9
	养老	16.3	16.4	18.5	19.9	29.0	2.7
	文化	18.0	18.2	24.1	19.3	20.3	2.9
	卫生	16.4	17.2	20.4	19.7	26.3	2.8
	体育	22.0	19.7	23.2	17.9	17.2	3.1
外来	教育	22.7	17.9	19.9	20.4	19.1	3.1
	文化	26.9	19.8	20.3	18.5	14.5	3.3
	卫生	22.8	17.0	20.0	16.5	23.7	3.0
	体育	27.7	20.2	21.7	16.1	14.4	3.3

　　从上海市户籍居民对公共服务的偏好来看,居民最希望提高教育资
源的质量;其次是无需求的占 31.0%。最希望市级医院降低价格的占
32.8%,增加数量的占 29.9%,提高质量的占 25.4%,超过四成居民最
希望社区卫生中心提高质量,居民最希望区级医院提高质量,其次是降
低价格。希望增加养老院的数量(32.4%),同时希望降低价格的比重也
占 26.5%,居民最希望居家养老增加数量;最后是提高质量。体育场所、
健身点增加数量都是居民的首要需求,文化方面增加数量、提高质量是
居民最关注的前两位。

表5-17　　　　　　　　　　上海市户籍居民对公共服务的偏好　　　　　　　　　单位:%

	增加数量	提高质量	改善环境	降低价格	无需求
教育	9.5	39.5	7.8	12.2	31.0
社区卫生中心	18.1	42.6	11.6	15.8	11.9
区级医院	18.3	37.0	8.1	30.0	6.6
市级医院	29.9	25.4	5.3	32.8	6.5
养老院	32.4	21.0	5.2	26.5	15.0
居家养老	34.1	28.8	5.0	11.9	20.2
体育场	39.5	18.1	7.4	12.6	22.4
健身点	45.9	22.5	15.6	3.6	12.3
图书馆	34.0	27.8	10.4	3.5	24.3
社区文化中心	29.9	32.9	12.9	3.9	20.4

外来人口对公共服务的偏好中，超过五成希望提高教育资源质量，最希望社区卫生中心提高质量，其一是增加数量，最希望市级、区级医院降低价格，其次提高质量。最希望增加体育场、健身点的数量，对图书馆，31.5%的外来人口无需求，其二是增加数量、提高质量；另最希望社区文化中心增加数量，无需求的比重占第二位。

表5-18　　　　　　　　　　上海市外来居民对公共服务的偏好　　　　　　　　　单位:%

	增加数量	提高质量	改善环境	降低价格	无需求
教育	5.7	53.3	15.0	16.8	9.3
社区卫生中心	25.7	38.6	9.7	16.6	9.3
市级医院	18.3	24.3	8.0	40.0	9.5
区级医院	14.7	25.8	13.3	36.8	9.4
体育场	41.7	26.6	5.1	6.7	19.9
健身点	38.5	17.3	18.4	4.0	21.8
图书馆	27.1	23.1	13.4	4.8	31.5
社区文化中心	28.7	23.1	17.7	3.3	27.2

从户籍人口及外来人口对公共服务的偏好比较来看，提高质量、增加数量是出现频率较高的需求，具体来看有以下特点：一、户籍居民对教育资源的偏好两极分化，一部分希望提高质量，一部分无需求，这是由于当前教育资源的就近划片分区造成的。除高中资源以外，幼儿园、义务教育资源都存在实际或理念上的"优质"资源，而"优质"资源并不能普及所有的居民，造成了教育资源配置初期的机会不均等，于是导致居民对教育资源偏好的明显两极分化。外来人口对教育资源的偏好较一致，希望提高质量，虽然在义务教育资源均等化的条件下，外来人口子女是允许进入本地公立学校的，但是由于潜在的以户籍人口优先的政策，在"优质"资源短缺的情况下，必然会造成外来人口与本地居民就学的差异，而外来人口子女即使是进入公立学校，也往往是那些定点招收外来人口子女的公立学校，由于生源质量的差异，造成了教育的隔离。二、在医疗方面，户籍人口、外来人口普遍都最希望社区卫生中心提高质量，户籍人口尤其如此。对区级医院，户籍人口最希望提高质量，其次是降低价格，外来人口则正好相反。外来人口对市级医院的偏好与区级医院一致，最希望降低价格，其次是提高质量，户籍人口也最希望市级医院降低价格，但同时希望增加市级医院的数量，提高质量。由于市级医院的服务半径较大，外来人口就医比重高，因此本地居民认为并未能享受市级医院的优势，增加市级医院数量的呼声较高。三、居民对文化体育设施的偏好顺序差异不大，最希望体育设施增加数量，文化设施增加数量、提高质量并重，同时无需求的比重较高，尤其是外来人口对文化设施无需求的比重大于户籍人口。四、户籍人口认为无论机构养老还是居家养老都需首要提高数量，降低价格是居民对机构养老的第二位需求，提高质量则是居家养老的第二位需求。

3. 不同群体公共服务偏好的差异

正如前文所述，满意度等主观指标除了可以从个人的角度反映客观事物以外，也容易受到主观因素的影响，尤其是受教育程度、收入等不同社会阶层的群体，其社会背景、文化信仰的差异导致了这种主观差异的存在，那么在同样的供给状况下，不同群体对公共服务的满意度依然会有不同，为了增加公共服务配置的有效性，需要了解不同群体对公共服务的偏好。公共服务的配置多以社区为基本单位，西方社会学中的研究表明，城市社会中不同阶层的居民选择居住地时趋于根据排他性原则把自己置于特定的社会群体中，每个家庭总是依据各自的生活方式要求，所需要的住房类型和经济收入等来决定住所的位置，这样就会发生居住在同一住宅区内的居民在经济收入、社会地位、文化背景和生活方式等方面具有相同或相似性的情况，这就是"同质聚居"，也是城市阶层分化在城市空间上的体现①。改革开放以来，日益发展的住房商品市场加剧了社会分层在空间上的不断分化②。本书主要通过一些反映社会阶层的人口学指标来分析公共服务的不同偏好。社会地位主要由经济地位和政治地位、职业地位、文化地位等构成③，一般采用收入、受教育程度、职业等指标反映社会阶层的状况，由于我国特殊的户籍制度，造成了户籍人口与外来人口在福利享受中的差异，这种身份的烙印，从制度的层面上将人口分层，因此本书将户籍来源作为一个反映社会阶层的变量。同时随着年龄的增长，居民对医疗资源的需求可能越高，根据"六普"的数据，上海市老年人口与劳动年龄、学龄人口的分布出现差异，因此本书将收入、受教育程度、职业，以及户籍来源、年龄作为自变量，社区卫生中心、市级医院的偏好作为因变量建立模型，来研究不同群体对公共服务的偏好。

　　本书采用多元逻辑斯蒂回归进行分析，结果显示，模型一以社区卫生中心的偏好为因变量，增加数量与不需要改善相比，各变量均未有显著影响。与不需要改善相比，收入越高，希望提高质量的比重越高，年龄未有显著影响，受教育程度各变量均有显著影响，小学、初中、高中、大专受教育程度的人口希望提高医疗质量的发生比 Odds 分别是本科以上学历的 1.8 倍、1.9 倍、1.7 倍、1.5 倍，外来人口希望提高医疗质量的比重高于户籍人口，职业的影响并不显著。与不需要改善相较，初中、高中学历比本科以上学历希望改善环境的可能性要大，与不

　　① 张雪浚：《住房商品化与中国城市阶层空间分布的重构》，《理论与现代化》2005 年第2 期。

　　② 边燕杰、刘勇利：《社会分层居住——对中国五普数据的分析》，《社会学研究》2005 年第3 期。

　　③ 景跃军、张景荣：《社会分层研究与中国社会分层现状》，《人口学刊》1999 年第5 期。

需要改善相较，收入对因变量的影响显著，收入越高希望降低价格的可能性更高。

模型二以市级医院的偏好为因变量，与不需要改善相比，收入越高，希望增加数量的比重越高，年龄越低希望增加数量的比重越高，户籍人口希望增加数量的发生比 Odds 是外来人口的 2.4 倍，职业未有显著影响。与不需要改善相比，收入越高，希望提高质量的比重越高，年龄越低希望提高质量的比重越高，户籍人口希望改善质量的可能性大于外来人口，居民对改善市级医院环境的要求未有显著差异。与不需要改善相比，年龄越低，希望降低价格的可能性越大，小学、初中学历希望降低市级医院价格的发生比 Odds 分别是本科以上学历的 2.1 倍、1.7 倍，户籍人口希望降低价格的发生比 Odds 是外来人口的 1.396 倍。

表 5 – 19　　　　　　　　上海市居民对医疗资源偏好的回归模型

	变量	模型一 社区卫生中心偏好		模型二 市级医院偏好	
		B	Exp（B）	B	Exp（B）
增加数量	收入	- 0. 015	0. 985	0. 136 * *	1. 146
	年龄	0. 003	1. 003	- 0. 009 * *	0. 991
	小学以下	0. 302	1. 352	- 0. 276	0. 759
	初中	0. 224	1. 251	- 0. 096	0. 909
	高中	0. 383	1. 466	- 0. 277	0. 758
	大专	0. 240	1. 272	- 0. 100	0. 905
	本科以上	0	.	0	.
	户籍人口	- 0. 212	0. 809	0. 865 * *	2. 374
	外来人口	0	.	0	.
	国家机关人员	0. 084	1. 087	0. 081	1. 084
	专业技术人员	0. 038	1. 039	- 0. 008	0. 992
	办事人员	18. 970	17. 366	17. 622	44. 317
	商业服务业人员	0. 322	1. 380	0. 189	1. 208
	农林牧渔人员	1. 155	3. 175	1. 261	3. 530
	生产运输人员	0. 159	1. 172	0. 039	1. 039
	其他	0	.	0	.

	变量	模型一 社区卫生中心偏好		模型二 市级医院偏好	
		B	Exp（B）	B	Exp（B）
提高质量	收入	0.118**	1.125	0.087**	1.091
	年龄	0.004	1.004	-0.005*	0.995
	小学以下	0.588*	1.800	0.031	1.031
	初中	0.653**	1.922	0.182	1.200
	高中	0.533**	1.704	0.057	1.059
	大专	0.412*	1.510	-0.029	0.972
	本科以上	0	.	0	.
	户籍人口	0.398*	1.488	0.645**	1.906
	外来人口	0	.	0	.
	国家机关人员	-0.164	0.848	0.081	1.084
	专业技术人员	-0.062	0.940	0.252	1.286
	办事人员	17.133	27.688	17.501	39.396
	商业服务业人员	0.299	1.349	0.127	1.136
	农林牧渔人员	0.803	2.232	-0.167	0.847
	生产运输人员	0.200	1.221	-0.101	0.904
	其他	0	.	0	.
改善环境	收入	0.039	1.040	0.089	1.093
	年龄	0.002	1.002	-0.008	0.992
	小学以下	0.501	1.650	-0.352	0.703
	初中	0.546*	1.727	0.065	1.067
	高中	0.607**	1.835	-0.269	0.764
	大专	0.350	1.418	-0.031	0.969
	本科以上	0	.	0	.
	户籍人口	0.024	1.024	0.093	1.098
	外来人口	0	.	0	.
	国家机关人员	0.121	1.129	-0.403	0.668
	专业技术人员	0.064	1.066	-0.298	0.742
	办事人员	0.092	1.096	18.421	10.206
	商业服务业人员	0.421	1.523	-0.085	0.919

续表

	变量	模型一 社区卫生中心偏好		模型二 市级医院偏好	
		B	Exp（B）	B	Exp（B）
改善环境	农林牧渔人员	1.466	4.331	0.812	2.253
	生产运输人员	0.345	1.413	-0.164	0.848
	其他	0	.	0	.
降低价格	收入	-0.098**	0.907	0.022	1.022
	年龄	0.006	1.006	-0.006**	0.994
	小学以下	0.430	1.538	0.748**	2.112
	初中	0.285	1.330	0.518*	1.678
	高中	0.320	1.378	0.406	1.501
	大专	-0.210	0.810	0.241	1.272
	本科以上	0	.	0	.
	户籍人口	-0.051	0.950	0.334*	1.396
	外来人口	0	.	0	.
	国家机关人员	-0.192	0.825	0.074	1.076
	专业技术人员	-0.043	0.958	0.281	1.324
	办事人员	18.594	1.175	17.956	62.677
	商业服务业人员	0.204	1.227	0.240	1.271
	农林牧渔	0.920	2.511	1.154	3.172
	生产运输人员	0.212	1.236	-0.111	0.895
	其他	0	.	0	.
模型拟合标准	-2倍对数似然比值	9114.10		9400.15	
似然比检验	显著性水平	0.000		0.000	

注 **$p < =0.05$；*$p < =0.1$。

反映社会阶层的变量：收入、受教育程度、户籍来源对医疗资源的偏好是显著的影响因素，居民对社区卫生中心的偏好分化集中在提高质量上，高收入者、低受教育程度、户籍人口均对社区卫生中心的质量提高有所要求。居民对市级医院的偏好显示出较强的一致性，主要是年龄越低、收入越高、户籍人口对与市级医院的要求较高，并在质量、数量、价格各个方面均有要求。这也反映了市级医院、社区卫生中心服务对象年龄的差异，也印证了调研中的现象，老年人多选择社区卫生中心就医，而年轻人或孩子多去市级医院就医，这两部分人在收入、受教育程度上有所差异，前一部分虽然选择在社区医院就医，但却是迫不得已的选择；后一部分是由于社区医院质量差而用脚投票不去就医。

第四节 城市公共服务配置有效性的总体评价

一 城市公共服务配置有效性的总得分

本书以医疗资源为例，对上海市、苏州市、大连市各城市的医疗公共服务配置进行综合评价，找出三个城市公共服务的问题；得出有效供给、有效分配、有效利用的权重，找出当前影响城市公共服务配置最主要的因素。

需要说明的是，由于部分数据缺失，有效分配中医疗资源基尼系数的计算并未剔除优质资源的影响；有效利用中，大连市医院及社区卫生中心利用的数据缺失，因此采用苏州与上海的均值进行估算。本书将已有的结果进行熵值运算，得出各部分有效性的权重及城市公共服务的总得分。

熵值法的运用是一种事后赋权重的方法，该方法根据数据的集散程度赋以权重，避免了主观赋值所带来的主观影响因素。由于本书的可及性是通过对基本公共服务覆盖率测算而来的，而三个城市社区卫生中心覆盖率均为100%，因此在权重的赋值中自动忽略该维度，从现实意义中也可以看出，对一些发达城市，基本公共服务大部分已达标，再对这些指标进行评价已不合时宜，而应与时俱进，从服务的质量及水平上重新选取指标测算，与经济发展阶段相适应。

通过熵值法的运算，得出各部分的权重结果。有效供给的权重为8%，有效分配权重为27%，有效利用的权重为65%。有效利用的权重最高，其次是有效分配、有效供给，这说明当前城市公共服务配置有效性的决定因素首要是居民的满意度，其次是公共服务的空间配置，而政府的有效供给的地位下降。在有效分配中，医生数量基尼系数的比重要高出床位数量5个百分点，说明医生配置的空间均等化更重要；最后是在有效利用中，表达偏好的权重占45%，远超过显示偏好，说明居民满意度的评价对城市公共服务有效性日益重要。户籍居民与外来人口满意度的权重相当，二者对公共服务的满意度评价同等重要，社区卫生中心与医院床位利用率权重相当。

表 5-20　　　上海、苏州、大连三城市公共服务配置有效性
体系的评价结果及权重

指标及权重			城市		结果
有效供给 （8%）	适用性（8%）		上海		-0.29
			苏州		-1.69
			大连		1.98
有效分配 （27%）	均等化 （27%）	万人床位数基尼系数 （11%）	上海		0.33
			苏州		0.09
			大连		0.23
		万人医生数基尼系数 （16%）	上海		0.32
			苏州		0.07
			大连		0.30
	可及性 （0%）	社区卫生服务中心覆盖率 （0%）	上海		100.00
			苏州		100.00
			大连		100.00
有效利用 （65%）	表达偏好 （45%）	医疗资源的满意度 （45%）	户籍 （23%）	上海	2.78
				苏州	2.98
				大连	3.00
			外来 （22%）	上海	2.99
				苏州	3.36
				大连	3.10
	显示偏好 （19%）	医院床位利用率 （10%）	上海		100.96
			苏州		94.61
			大连		97.79
		社区卫生中心床位利用率 （9%）	上海		86.86
			苏州		50.13
			大连		68.50

二 城市公共服务有效配置的最佳状态

虽然从指标体系的评价中我们得出了各城市医疗服务配置有效性的总得分，但到底什么样的城市医疗服务配置才是最有效的呢？三个城市在哪些地方有差距？首先，在有效供给方面，供需平衡是最佳的状况，那么适应性得分如果是零，说明供需达到均衡状态。在本书研究的三个城市中，上海、苏州均是供小于求，大连属于供大于求，从居民的角度来看，供大于求自然是资源比较满足的状况，但从政府角度来看，长期的供大于求也会导致公共服务投入的浪费，也并不是最理想的供需状态，到底供大于求超出多少属于浪费，并不是本书的研究内容，因此大连市有效供给的得分可以看成满分。其次在有效分配方面，基尼系数原本是反映收入不均的状况，在0—1间取值，0是理论上收入最合理分配的状况，虽然在现实中不可能达到，但是它依然是资源分配的最完美状态。再者从有效利用来看，满意度得分由1—5，5分是居民对公共服务最满意的状态；根据我国《医院分级管理标准》①，医院床位使用率的适宜范围85%—93%，考虑三级医院与社区卫生中心的差异，三级医院取上限93%，社区卫生中心取下限85%。

假设公共服务配置满分为100分，根据各部分权重，有效供给为8分，有效分配为27分，有效利用为65分，那么三个城市的总得分及各部分差距如下：大连市有效供给得分为满分8分，有效分配得分4分，有效利用得分12分；上海市有效供给得7分，有效分配0分，有效利用9分；苏州市有效供给0分，有效分配21分，有效利用14分。三个城市总体得分都不高，每个城市的优缺点又有不同，上海市在有效分配中较弱；苏州市有效供给最差，但有效分配方面较好；大连市在有效供给方面的优势突出，三个城市在有效利用的方面得分都不高，与最佳的利用状态尚有不少差距。需要说明的是，本书采用熵值法对权重及标准化的运算，所以得分是三个城市之间数据比较的结果，是一个相对的得分。

---

① 《医院分级管理标准》。（http://www.baike.baidu.com/view/3995554.htm）

表 5 - 21 三城市公共服务配置状况的评价得分

	有效供给	有效分配	有效利用	总体评价
上海	7	0	9	15
苏州	0	21	14	35
大连	8	4	12	24
最佳得分	8	27	65	100

本章小结

本章从有效供给、有效分配、有效利用三个方面对城市公共服务的有效性进行评价，得出以下结论：一、公共服务的投入与人口总量正相关，但与人均 GDP 未呈现统计上的显著性，由此可以看出，三个城市公共服务的供给随着居民规模增加而增加，但是并没有与居民日益增长的需求水平相适应。从公共服务的供给来看，大连的总得分要高于上海、苏州，从需求来看，大连市人口总量及人均 GDP 小于上海、苏州，由此导致了大连公共服务供给远超过需求，而上海、苏州则出现了供不应求的状况，上海市缺口尤为严重。从时间效应来看，养老资源由供不应求，转为供大于需，且盈余增加，医疗资源时间效应有所波动。二、不同人群的空间分布是公共资源有效分配的基础，从以上的分析来看，城市内部公共服务与其服务人群之间的配置并不一致，表现在人口城市化过程中，人口向郊区、新开发区聚集，而公共资源配置在老城区更加成熟，导致供需空间匹配的矛盾，优质资源尤为如此；与教育资源相较，医疗、养老资源配置的空间差异更大；优质资源的存在加剧了公共服务空间分配的不均衡，引发了许多社会矛盾；此外以上海为代表的发达地区，基本公共服务的空间可及性较高，已达到有关要求。三、在居民的偏好上，居民更具有综合医院偏好，对养老资源的利用有显著的市区偏好、公立偏好；医疗、教育属于居民最不满意的公共服务，户籍人口比外来人口的不满意度要高，其中提高质量、增加数量是居民对公共服务最大的需求；不同年龄、收入、受教育程度、户籍来源地的人口对公共服务的需求有所差异。四、通过各指标权重的赋值及得分的计算，有效供给、有效分配、有效利用对城市公共服务配置有效性的贡献依次增高，一方面，有效利用对城市公共服务配置有效性起决定性的作用；另一方面，有效利用是三个城市的薄弱环节。

第六章

城市公共服务配置非有效性的
原因及影响机理

本书构建了城市公共服务配置有效性的三层评价体系，研究发现在城市公共服务配置的过程中，存在一些问题，阻碍了城市公共服务配置的有效性，使城市公共服务供需之间的矛盾日益突出。

第一节 城市公共服务供需的矛盾

一 政府投入不足、供给水平滞后经济发展水平导致有效供给不足

1. 政府财政投入比重较少

与其他国家相较，根据 2008 年的年平均汇率（人民币对美元 0.144）换算，我国属于中下等收入国家①，2009 年中国万人床位数 42 张，高于中下等收入国家的平均值 26 张，万人医生数 14 人，低于平均值 18 人；2008 年上海、苏州、大连的人均 GDP 分别为 10728 美元、11164 美元、9078 美元，属于中上等收入地区，并且接近中上等收入地区的上限。上海、苏州、大连的医疗服务投入高于中上等收入国家的均值，上海、大连万人医疗床位数甚至高于高收入国家的平均医疗水平。由此可见，

① 世界银行对世界各国经济发展阶段的划分，分为低收入国家、中等收入国家（包括中下等收入国家、中上等收入国家）和高收入国家。该标准主要以人均 GDP 为判断指标，并且随着经济发展的不断调整，人均国民总收入的标准不断变化，按世界银行 2008 年公布的数据：低于 975 美元为低收入国家，在 976—3855 美元为中下等收入国家，在 3856—11905 美元为中上等收入国家，高于 11906 美元为高收入国家。

与相同发展水平国家相较，我国医疗床位投入高于平均水平，医生投入尚存在差距，部分发达地区城市的医疗资源硬件投入甚至超过高收入国家。

表6-1　　　　　　　　　世界各国医疗服务的供给状况

国家/地区	万人床位数（张）	万人医生数（人）
高收入国家	46	33
澳大利亚	38	30
加拿大	32	20（2008）
丹麦	35	34
芬兰	62	29
法国	69	35（2010）
德国	82	36
日本	137	21（2008）
新西兰	23（2011）	27（2010）
韩国	103	20（2010）
新加坡	31（2008）	18
英国	34（2008）	27（2010）
美国	30	24
中上等收入国家（2008年）	39	23
上海（2008年）	52	27
苏州（2008年）	40	18
大连（2008年）	49	25
中下等收入国家（2009年）	26	18
中国（2009年）	42	14

数据来源：世界银行，其中世界银行的床位数来源于日常行政统计，但是某些环境下只包括公共部门的床位数。

虽然我国公共服务在医疗设施的投入上并不比其他国家差，但是从卫生保健支出占政府财政总支出的比重来看，2007年我国仅为0.08%，远低于其他国家及地区，2009年政府对医疗服务的投入比重不及医疗总费用的三分之一①，2008 年我国人均政府卫生支出仅为 69 美元，与其他发达国家差距甚大，政府对医疗服务的投入过低。

表6-2　　　　　　　世界部分国家人均政府卫生支出及
卫生保健支出占财政支出比重

	2008 年人均政府卫生支出 （美元）	卫生保健支出占政府财政 总支出比重（%）
澳大利亚	2734	14.45（2009）
加拿大	3090	9.74（2007）
丹麦	4916	
芬兰	3168	
法国	3768	
德国	3523	19.13（2005）
日本	2568	
新西兰	2340	16.60（2007）
韩国	671	0.98（2008）
新加坡	479	6.15（2008）
英国	3116	17.18（2008）
美国	3426	24.25（2009）
中国	69	0.08（2007）

数据来源：中国财政网：http：//www.stats.gov.cn/tjsj/qtsj/gjsj/2011/t20120711_402817366.htm；中国卫生年鉴。

2. 供给水平远滞后经济发展速度

此外，本书选取了日本、新加坡、英国三个国家 1990—2009 年部分年份的经济发展水平及医疗服务水平的数据与我国的状况进行对比，之所以选取这三个国家是因为从社会保障的角度来看，这三个国家是公保自助、福利型国家及储蓄型三种社会保障制度类型的典型，具有代表意义。在这几个国家当中，我国是经济发展最为迅速的国家，其次为新加

---

① 根据我国卫生统计年鉴计算而得。

坡、英国、日本，在 1990—2000 年、2000—2010 年，其余三个国家的千人医生数年均增速均为正值，增速紧跟经济发展水平的步伐，我国在 1990—2000 年千人医生数年平均增长（0.81%）属四个国家中增长最缓慢的，且在 2000—2010 年出现负增长。从千人床位数来看，各国硬件投入差异较大，与 2000—2010 年英国、日本等发达国家千人床位数呈负增长的状况相反，我国硬件投入大幅增加。可见，进入 21 世纪以来，我国医疗服务的投入主要集中在硬件设施上，在医生投入上与其他国家有较大差距，医疗资源的整体投入远远低于经济发展的水平，导致与居民需求水平增长的速度存在差距。

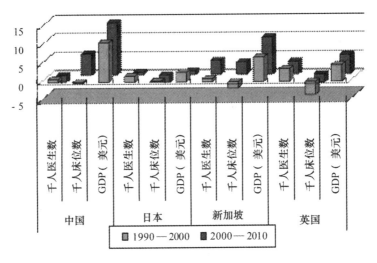

图 6-1 1990—2000 年、2000—2010 年中国、日本、新加坡、英国人均 GDP 及医疗资源状况

从历史发展来看，长久以来我国侧重于经济发展，忽视城市公共服务的建设，尤其是关乎居民民生的医疗、养老等资源。自改革开放以后，我国卫生医疗财政投入占 GDP 的比重不断下降，进入 21 世纪以后才有所回升，2010 年卫生服务财政投入占 GDP 的 1.43%，略超过 1990 年的水平。

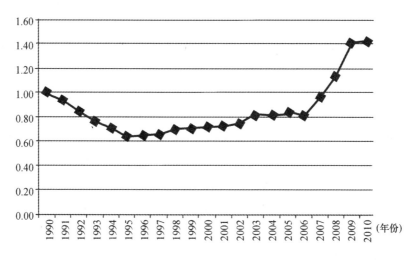

图 6 - 2　我国历年卫生医疗财政支出占 GDP 比重

从医疗服务的产出来看，20 世纪 90 年代以后，人均 GDP 的增速加快，进入 21 世纪以后，经济的发展呈 45 度斜率的方向迅猛增长，然而医疗服务水平在改革开放以后的变化却并不大，虽然"十一五"末略有上扬，但经济的迅猛发展与医疗服务水平不温不火的状态仍形成鲜明的对比，这就是面板数据模型中医疗服务的水平与居民需求水平并不一致的原因，我国经济发展的速度远超过医疗服务水平的发展速度，与居民的需求水平存在差距。

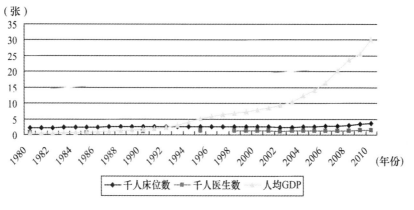

图 6 - 3　1980—2010 年我国人均 GDP、医疗资源发展状况

数据来源：中国统计年年鉴，中国卫生统计年鉴。

可见公共服务供给的不足是水平上的不足，如何提高公共服务供给的水平，提高政府的投入力度，解决制度中存在的问题，充分利用现在已有的资源是公共服务有效供给需要努力的方向。

二 优质资源的空间不均加重了有效分配不均

除了供给不足以外，一个城市内部还存在着公共资源空间配置上的失衡。在前文所述空间配置的分析中包括两个方面，一个是空间配置的均等化；另一个是基本公共服务空间配置的可及性。从对上海市的研究中发现，基本公共服务如义务教育就学率、社区卫生中心覆盖率均已达100%，发达地区的基本公共服务的空间可及性相对较高，但是部分公共服务的空间配置的不均等现象较为突出。这种不均等现象不仅是数量上的不均等，质量上的不均等所引起的问题更为突出。居民对优质资源的迫切需求，体现了当前居民需求层次的提高，比起普通资源，优质资源空间不均的现象更为突出。从前文中的分析发现，优质资源主要存在于医疗与教育资源中，一方面居民对优质资源十分渴求；另一方面优质资源有限，且分布极度不均，它的存在加剧了资源分配的空间不均衡现象，给公共服务供需之间形成了更多障碍，甚至引发了许多社会问题。

1. 历史积累及教育隔离形成了优质教育资源的优势。首先在选择高中的过程中，一个区域的学生可以根据自己的能力考取重点学校，同一区域内的高中重点学校的设置是遵循了机会均等的原则，但是从整个上海市来看，区域间学生不能自由流动，那么必然存在区域间的差异。比如，徐汇区重点高中多于闵行区，那么对徐汇区的学生来说，其可以进入重点高中的机会则大于闵行区。幼儿园虽然存在实验幼儿园，但是实际中居民对幼儿园的择校现象并不十分突出，反而是早已取消重点学校的义务教育阶段择校现象屡禁不止。

除了人口变动的因素以外，在调研中发现，"优质"义务教育资源吸引力的形成有两个原因：一、客观历史的原因。这些重点学校成立较早，大都具有几十年乃至上百年的历史背景，在改革开放初期"短线教育"思想的刺激下，教育部发布了《关于办好一批重点中小学的实行方案的通知》，实行了基础教育阶段重点学校倾斜投入的方针。在资源和历史双重沉淀的作用下，重点中小学发展迅速，积攒了较多的办学资源，产生了较高的教育优势。2002 年教育部颁布的《关于加强基础教育办学管理若干问题的通知》提出了"义务教育阶段学校均衡发展"的理念，全面摒弃了改革开放后以效率为先的重点中小学的设置方式，各地义务教育全面进入"均等化"发展阶段。进入 21 世纪以来，上海市通过教育投入向薄弱地区倾斜、教师轮岗等措施加大郊区义务教育的投入，"十二五"规划中更是提出将中心城区的品牌学校引入郊区即将建成的一些大型社区中，使优质教育资源向郊区倾斜，这些举措无疑将会缓解郊区优质教育资源不足的问题，但是义务教育均等化的理想并非朝夕可成，优质教育资源的优势在短期内不会消失。二、主观观念的原因。优质资源的分布不均不仅表现在区域间，在区域内同样出现，以徐汇区为例，徐汇区优质教育资源十分丰富，但是优质教育资源多集中分布在北部老城区，南部华泾镇等人口导入的新城区较少。与区域间优质资源分布严重不均不同的是，区域内教育资源的均等化效果尚好，在教育部门进行的调研中发现，徐汇区通过硬件投入的均等，教师、校长的交流等方式，基本达到义务教育阶段的均等化，但是由于一些非"重点"学校长期以来接受流动人口子女较多，与本地户籍学龄儿童相比，流动人口子女生源基础较差、教育进度较慢，本地居民不愿意将子女送入流动人口子女较多的学校，事实上这是因为生源质量不同，导致了本地人与外地人子女教育隔离，形成了观念上所谓的"优质"资源。在调研中发现，如果从整个上海市来说，形成"优质"资源的主客观原因平分秋色，那么在区域内，如徐汇区主观原因造成的"优质"资源则占据主导。

上海市义务教育就近入学的条件是要么在本区域内有户籍，要么持有在本区域内的房产，优质教育资源周围的房价相对较高，尤其是在优质资源短缺的状况下，优质教育往往成为本地居民或是有钱人的特权享受，由此导致了不同群体之间子女的教育隔离、学区房价格虚高等社会问题，从深层分析，居民对"优质"资源的渴求背后体现教育体制中的矛盾。尤其是在义务教育阶段，一方面义务教育阶段强调均等化配置，给每个公民以平等的接受义务教育的权利；另一方面在高中、大学教育则是选优机制，成绩优秀是最主要标准。在计划生育的大背景下，家长不惜成本，加大对独生子女的投资，让其进名校，高起点，高标准要求，自然加深了对"优质"教育观念的深化。由于教育资源与户籍挂钩，因此优质教育资源的存在，一方面导致了学区房虚高的现象，加剧了房价升高的不合理因素；另一方面一些区域居民虽然搬离，但为了相应的福利，并不将户籍带走，造成了"空挂户"的问题，给社会管理带来了许多问题。

2. 初级医疗资源软硬件欠缺加剧了优质医疗资源供不应求。再来看医疗资源，"优质"教育资源的存在扩大了教育资源不均匀的状态，而优质医疗资源由于其服务半径大，从理论上说，它的存在则缩小了地区之间的差异，但从实际情况看却又不同，一方面本地居民表面上享有了较多的优质资源，但实际上并未享受这种福利；另一方面非本区居民虽然表面上可以享有优质医疗资源的权利，但实际上远距离就医，优质医疗资源的可及性较差。优质医疗资源是事实存在的，一方面三级医院在医疗水平上确实具有较大优势，在相同条件下，居民还是希望去大医院；另一方面社区卫生中心软硬件不完善，笔者2012年8月在徐汇区进行的调研结果显示，虽然徐汇区三级医院比较多，但由于其患者多、排多长等问题，居民更愿意到社区卫生中心就医，然而社区卫生中心药品不全，不提供中药，部分居民必须到区、市级医院才能买到他们所需药品。虽然政府鼓励居民到社区卫生中心就医，但社区卫生中心的一些软硬件条件不能满足居民的需求，迫使居民必须到市级医院就诊。

从有效分配的研究中我们可以发现，公平性即得到同等的公共服务的机会成为居民日益关注的重点，公共服务空间分配的不均衡，归根结底主要是优质资源的极大短缺及不公，这体现了居民对公共服务的需求不仅是数量上的满足，而且是质量上的提升，迫使公共服务的投入水平亟待更新升级。

三 部分公共服务供给类型与居民偏好不符、服务态度差使得有效利用不足

在城市公共服务有效利用的评价中发现，目前部分城市公共服务的供给尚不能完全满足居民对公共服务的偏好，二者之间的差距导致居民对公共服务的评价不高，具体表现在两个方面：

1. 供给类型与居民偏好不符

从前文有效利用的实证分析中发现，供给类型与居民偏好的不符包括了许多方面，如公共服务数量供给不足与居民需求日益增长的矛盾；公共服务供给质量不高与居民需求水平日益提升的矛盾；此外还表现在供给类型与居民需求不一致的问题。

这种状况主要存在于养老、幼儿园等具有公立与私立不同性质的公共服务中，而且作为非基本公共服务，这些公共资源政府投入相对较少，私人筹资等渠道占据了相当一部分。以养老资源为例，公办养老院在土地费用、房屋租金等方面享有政府政策及资金上的优惠，但在设施配备上并不比私立养老院差，公立养老院成为老年人争相进入的地方，往往一床难求，在资源有限的条件下，能够进入公立养老院，需要托关系、找朋友、打招呼才能有名额入住，于是公立养老院因"物美价廉"成为"特权"老年争相享用的"蛋糕"。与之相对的是私立养老院费用高，床位利用率不足的现象，同样造成了资源的浪费。这背后渗透出政府对公共服务定位的偏离，原本接受三无老人、五保老人等弱势群体的公办养老院，其性质由"托底"变为"托富"①。

2. 供给的服务水平不高

目前我国的公共服务存在这样的问题，一方面政府的投入逐年增加；另一方面居民对公共服务的满意度并不高。经过广泛的调研发现，投入与满意度之间的"误会"并不完全能够通过公共服务的数据反映出来，更多的是"软件"支撑中存在的问题。由于目前我国公共服务供小于求的问题突出，因此在资源有限的条件下，居民对某些公共服务的选择是迫不得已，因而选择并不能完全表示满意。例如，医院医生服务态度较差，在医疗体制中，以药养医的制度仍然存在，一方面医疗资源供不应求导致病患过多；另一方面部分医生的责任心会被利益所占据，影响服务态度。养老院服务质量不高背后的原因是：一方面是护工待遇不高、工作强度大导致流动性强；另一方面我国目前农村逐步富裕，"80 后、90后"农民工不再愿意从事脏累的工作，导致我国低端劳动力短缺。

供给类型与居民偏好不符，供给的服务水平等软件支撑的不到位，使原本公共服务的供给与居民的需求之间产生隔阂，加剧了供需之间的

---

① 毛一竹、罗争光：《养老院门槛有多高？——城市公办养老机构"逐富弃贫"》。（http：//www. news. xinhuanet. com/politics/2012－10/10/c_ 113324513. htm）

矛盾。这同时说明居民对公共服务的需求水平已经不再满足于硬件设施的投入，而转向于服务质量提高等软件的提升，这也是未来城市公共服务配置的方向。

总之，城市公共服务配置非有效性主要是由于供给与需求之间的不匹配引起的，这种不匹配主要体现在：一方面，城市公共服务供给中政府投入比重不足，供给水平与档次不高，未能与经济发展水平相一致；优质资源的短缺及空间不均衡则加剧了公共服务不足的问题；另一方面，居民的需求已经发生了极大变化。提升公共服务质量、服务水平，增加优质公共服务数量是居民对城市公共服务的最主要需求，供需的偏离最终加剧了城市公共服务配置的矛盾。

第二节　城市公共服务配置非有效性的影响机理

一　公共服务的供给模式及财政体系的顶层设计缺陷导致城市公共服务有效供给不足

1. 现行的政府主导、市场参与的模式，第三部门介入不足，造成有效供给不足

第一，第三部门发展不成熟。在一些公共物品领域，由于每个居民对公共物品的偏好不一样，如果完全由政府来承担供给，会导致一部分人对公共物品的过度需求得不到满足；另一部分人的特殊需求也得到不到满足，那么在政府失灵和市场失灵的情况下，第三部门应运而生。它在资源整合、社会治理、政策倡导和公共服务等领域具有显著的积极作用。然而相对西方国家的第三部门，我国第三部门的发展相对不成熟，中国的民间组织绝大多数由政府创建并受政府的主导[1]。即使是有些发展较为成熟的第三部门，但由于其存在着注册、定位、人才、资金、知识、信任、参与和监督等困境，阻碍了自身的发展[2]，从而阻碍了公共物品的有效供给。

---

[1]　俞可平：《中国公民社会：概念、分类与制度环境》，《中国社会科学》2006年第1期。

[2]　何增科：《中国公民社会组织发展的制度性障碍分析》，《宁波党校学报》2006年第6期。

第二，政府职能失衡。当前我国公共服务领域存在着政府主导，市场参与的模式，第三部门在我国的发展尚不完善，参与社会治理、公共服务供给领域的力量微乎其微。长期以来，政府承担了过多市场、第三部门供给公共服务的职责，对部分公共服务供给的定位出现偏差，部分公共服务的供给档次与市场供给档次相当，但供给数量少、费用低，造成了居民对公立性质公共服务趋之若鹜，供不应求，而对私立性质公共服务利用率不足。政府职能失衡导致市场、第三部门发展迟缓，同时对居民迫切需求的基本公共服务投入出现缺失。

2. 财政投入及分级负担的方式存在不足，加剧了区域公共服务投入的差异

第一，各级政府责任不清，没有根据"整体政府"模式提供资源。责任明晰是财政分权国家中央政府与地方政府关系的重要特征之一，在城市公共服务供给中，存在市级与区县两级政府，区一级的公共服务投入主要是由区县财政承担，区县经济发展水平、财政储备等差异导致了公共服务地区之间的差异。在一些人口大量导入区或经济发展相对滞后区，公共服务投入较薄弱，与人口导出区或经济发展相对发达区县形成差距。而市级政府缺乏统一的财政统筹机制及政策协调机制，造成了政策的碎片化，加剧了区域间公共服务投入的不均等化。

第二，区县间公共服务供给分割，忽略了最佳的配置资源半径。当前公共服务的供给以行政区县为单位，每个区县、街道根据自己的人口和财政等状况配置区域的公共资源，但对一些开放性资源来说，如医疗资源，居民可跨区域选择，这种区县各自为政的方式，忽视了资源配置的最适宜半径，未考虑地区间公共服务的共享及协调。如两区均在交界处配置资源会形成资源的重叠，两区均未设置资源的区域则形成资源空白，给居民的使用造成不便。

二　人口大规模向城市集聚，城市人口变动及社会分化引发有效需求的变动

1. 需求总量的快速增长加剧了公共服务供给的压力

第一，外来人口大量涌入的压力。在城市化的过程中，外来人口的涌入给公共服务带来了较大压力。以医疗资源为例，2000—2010 年，上

海市医生总量年平均增长 0.28%，医院床位数年平均增长 3.39%。与此同时，常住人口年平均增长 3.24%，外来常住人口年平均增长 9.99%，医疗资源总量与人口总量增长的差距，导致了千人医生数由 2000 年的 31 人下降至 2010 年的 22.3 人，千人床位数十年间并无太大变化，依然保持在 46 张左右，外来人口的大量涌入使得公共服务的需求总量极大增长。

第二，人口结构的变化。不同公共服务所针对的主体人群有所差异，人口结构的变化则会直接影响公共服务对象的数量。如我国正进入第四次出生高峰，出生人口增加，学龄儿童规模逐步扩大，引起幼儿园、小学等基础教育资源的短缺。医疗资源虽然针对全体人口，但老年人口是其服务主体，我国目前的老龄化程度加剧，尤其是发达地区，老年人口绝对数量庞大，占用了较多医疗资源。

第三，大城市公共服务的优势吸引了更多需求。城市不仅是人口聚集地，也是公共服务高地，这些资源容易形成拉力，吸引更多需求，如上海市医疗资源在全国名位前茅，尤其是一些专科医院，其面对的群体不仅是上海市，甚至是长三角及全国各地，这显然占据了本地居民的医疗资源，导致本地居民就医的紧张。

2. 人口空间分布的快速变动与资源配置出现错位

第一，城市化过程中人口的空间重构。自 20 世纪 90 年代以来，全市人口增长的重心已经开始转向近郊新建城区，据"六普"统计，全市常住人口分布延续了由中心城区向郊区转移的趋势，2000—2010 年，中心城区人口减少 14.08%，城市边缘地区人口增长幅度较小，仅为 7.15%，近郊区、远郊区人口导入剧烈，分别增长 69.91%、67.65%，给郊区公共服务带来较大压力。常住人口向郊区转移是由两股力量叠加而成的，一股力量是户籍常住人口的郊区化。早在 20 世纪八九十年代，上海即出现了郊区化的趋势，90 年代初期近郊商品房居住区的开发及"十五"一城九镇的建设，主导了中心城区人口疏散，加速了城市人口郊区化的步伐。城市公共服务的配置一般会滞后于人口的变动，造成人口导入区基础教育等各种公共资源短缺。另一股力量是外来流动人口向郊区导入。外来人口多选择在城郊结合部居住，一方面是由于城市产业功能的郊区化迁移；另一方面是由于郊区具有生活成本相对较低的优势，上海市外来人口超过八成居住在郊区。城市人口郊区化、外来人口向郊区导入的趋势在我国发达地区城市中尤为明显。与市区相比，郊区公共服务的建设相对薄弱，公共服务的配置滞后于人口的迁移，导致公共服务与人口在空间上配置的错位，表现在郊区公共服务大量短缺，例如，上海市教育资源中的师生比、医疗资源中的千人床位数、千人医生数量，郊区均要比市区低。

3. 不同社会阶层人群对公共服务的需求出现分化

不同背景、文化程度、收入、年龄的人群对公共服务的需求不同。事实上在同一行政区域内，由政府主导的公共服务统一供给，并未考虑不同居民的需求，造成居民对公共服务满意度的差异。其中由收入、受教育程度、户籍来源等因素所决定的不同阶层人群对公共服务的差异出现较大的差别，如在前文的研究中，高收入阶层、户籍人口对社区卫生中心的要求比较高，高收入、低年龄户籍人口对市级医院的各项标准都有较高的要求，不同阶层的人口对公共服务的需求出现了较明显的分化。社会学理论指出，不同阶层的人口有"同质性聚居"的现象，因此可以根据这些特点，以社区为单位，了解社区居民的特点，配置公共资源，增加公共服务的利用效率。

在了解不同阶层居民对公共服务的需求之前，首先需要了解公共服务的使用主体。在调研中发现，部分公共服务供给忽略了其使用的主体人群，导致了部分资源浪费及实际需求群体的供不应求。以社区文化中心为例，一般来说社区文化中心的服务对象是全体居民，因此在资源配置上，有针对老年人的棋牌类场所，也有针对年轻人的书报亭，而事实上，年轻人很少参与到社区文化中心当中，社区文化中心实际上成为老年人娱乐的场所，一些棋牌室供不应求，而图书室则无人问津。这种现象也是不同群体对公共服务需求分化的结果，原本是针对大众的公共文化资源，在实际使用过程中出现了不同群体的需求差异，导致事实供给主体的不同，造成浪费的同时也造成了真正需求主体的要求不能得到满足。

三 城市公共服务供给体制及机制存在问题阻碍供需有效结合

1. 户籍制度的影响，难以完全覆盖外来人口，导致供给不均等

第一，以"户籍人口"为口径配置公共服务。长久以来，城市公共

服务的配置是以"户籍人口"为口径的，虽然近些年在教育资源等公共服务的配置中，已经开始向"常住人口"的口径转变。但是这种转变的步伐在其他公共服务的配置中略显滞后，甚至在一些政府绩效考核中，依然沿用了户籍人口作为统计口径的做法，这无疑阻碍了公共服务配置向常住人口转变的步伐，不利于外来人口享受同等的公共服务。

第二，在资源匮乏的情况下，公共服务优先与户籍挂钩。当前我国城市中公共服务供不应求的矛盾十分突出。在资源匮乏的现状下，尤其是对一些非开放性资源来说，往往最先与户籍挂钩，先满足户籍人口的需求，只能部分对外来人口开放。比如，公立幼儿园，随着学龄儿童高峰的到来，公立幼儿园资源十分紧缺，使得一些幼儿园不得不逐步提高入学门槛，通过规定父母的居住时间等做法，首先保障户籍居民子女的入学权利。这样的做法显然是有失公允的，但是在资源紧缺的情况下，也确实是无可奈何的选择。

2. 城市规划中"一刀切"的规定忽略了人口的空间差异

目前我国城市公共服务配置标准是以 20 世纪 80 年代颁布的《城市规划定额指标暂行规定》为基础而制定的，虽然各地根据实际状况出台了当地的城市规划标准，如 2002 年《上海市城市居住区公共服务设施配置标准》《深圳市城市规划标准与准则修订》《重庆市居住区公共服务设施配套标准》等，这些城市规划设施标准中都明确指出了学校、养老、文化和医疗等公共服务设施服务的人口半径，但依然延续了以"人口总量"为口径的配置，忽略了公共服务对象的差异性[①]。

不同群体出现空间分布的差异，公共服务中不同的资源所服务的人群并不相同，教育资源服务于学龄儿童，养老资源服务于老年人，以上海为例，各类人群均有向郊区分布的趋势，但学龄儿童向郊区集中的趋势要略强于常住人口，如统一按照人口总量来配置资源，势必会忽视不同人群的空间分布差异，尤其是对一些针对性较强的公共服务来说，会与实际需求错位。

3. 政府缺乏把握居民偏好的显示机制，导致供给与需求不匹配

政府供给的类型、质量取决于居民的实际偏好。在私人物品市场，

---

① 陈燕萍：《论居住区相关设施配置之道体系的改革》，《建筑学报》2000 年第 4 期。

可以通过价格来反映居民的需求偏好，但是公共服务配置的市场则不同，一方面个人存在"搭便车"的行为，并不都愿意表达自己真实的偏好；另一方面，政府缺乏把握居民需求偏好的机制，往往一味在搞政绩和追求形象工程等领域加大投入，而忽略了居民的真实需求。从目前的状况来看，对居民需求的一些调查研究多集中在科研院校，政府部门主导及参加的较少，各科研院校所进行的居民需求调查也因为研究方法等的差异，不具可比性及延续性。

4. 公共服务管理体制问题导致的需求释放及过度需求

以医疗资源为例，长久以来，我国群众医疗需求处于压抑状态，这是一种大量潜在的医疗需求，随着社会发展和城乡医疗保障制度的建立和完善，这种潜在的医疗需求将会逐步释放[1]。

此外，目前患者住院可以通过大病统筹获得绝大部分费用的报销，但门诊却需要使用个人账户基金的部分，这可能是导致病患倾向于住院的原因，从而产生了床位的过度需求。

第三节　城市公共服务配置有效性的实现路径

城市公共服务配置的有效性包括有效供给、有效分配、有效利用三个部分，只有三个部分均达到有效性配置，城市公共服务配置才能有效顺利地进行，然而有效性的实现并不是一蹴而就的，需要各方的配合，各个环节的努力。

一　配置有效性实现的条件

1. 明确政府职责

首先，强化政府在基本公共服务供给中的主体地位。长久以来，我国重经济、轻社会的发展，采取市场化运行提供公共服务供给，过于强调效率，忽视了公平性，政府在公共服务领域投入不高，改革开放的经验及教训告诉我们，当前中国社会已不适应完全以效率为先的供给老路，

---

① 段沁江：《我国医疗服务公益性导致"看病难、看病贵"》，《卫生经济研究》2007 年第 4 期。

为了增进社会整体福利，政府应当肩负起在公共服务领域的主体职责，加大对医疗和教育等居民迫切需求的公共服务的政府投入。其次，明确政府供给的层次。政府主要承担公共服务的供给责任，也并不意味着需要大包大揽，如果走"福利国家"的道路，可能会陷入福利病，尤其是在经济危机的时候，会使政府陷入入不敷出的泥潭，这表明政府的职责既不能"缺位"也不能过分"越位"，在一些基本公共服务领域，政府需要承担起义不容辞的责任，在一些满足居民多样化需求的高档次公共服务领域，需要引入市场机制及第三方，最大限度地发挥社会效用。最后，明确各级政府的职责，事权与财权统一。我国采取财政分级制度，当前在公共服务领域，各级政府存在权责不清，事权与财权不一致的问题突出。在城市公共服务的供给中，主体是市级、区级两级政府，市级作为高一级的行政管理级别，应当肩负市级层面的统一筹划及分配，缩小公共服务供给水平的地区差异；区级政府则需要贯彻市级政府政策措施，根据区域的特点满足居民不同的需求。

2. 把握居民需求

做人民满意的政府，即公共服务的供给要与居民的需求相一致。长久以来，在公共服务供给领域，政府一直处于主导地位，公共服务的供给突出政绩观，忽视了居民真正的需求。新公共服务理论的思潮亟待要求政府定位的转变，做服务者而不是掌舵者，政府需将居民的需求放到首位，因此公共服务的供给要了解居民的需求。经济福利学中倡导供给与需求达到均衡是帕累托最优的状态，公共服务的供给是以需求为前提的，满足居民需求的供给是最有效率的。然而居民的需求并不是一成不变的，根据马斯洛的需求理论，随着经济社会的发展，居民的需求层次是不断提高的，需求的种类也逐渐多样化，要把握居民的需求首先要厘清其中合理的需求，把握主流的需求。其次分清居民多层次的需求，对不同层次的需求要区别对待，政府的职责是满足居民的主体需求，对高端需求则需要引进市场机制及第三方来满足。最后，顺应需求的发展，居民需求的层次不断提高，公共服务配置的水平也要与时俱进。

3. 重视人口因素

公共服务的对象是人，那么人口因素对公共服务配置的有效性起到了不可忽视的作用，人口总量关系公共服务的有效供给，人口分布关系公共服务的有效分配，人口结构关系居民的需求。随着城市化的不断发展，城市人口的规模、分布、结构将会不断地发生变化，"以人为本"的政府管理理念要求把握人口因素的变动，顺应人口的变化规律，对城市公共服务进行配置。与相对较为稳定的公共服务配置相较，人口因素可谓是具有多变性，公共服务的配置往往滞后于人口的变动，但是人口变动也并不是无规律可循，城市化过程是人口规模、分布及需求层次的变动，具有一定的规律性，这就为政府公共服务的配置提供了基础，抓住人口变动规律就可以未雨绸缪，最大限度缩短公共服务供给与需求之间的延迟时间，减少公共服务配置的无效性。然而，人口与公共服务之间的关系也并不是完全的主动与被动的关系，在一定情况下，人口的变化也受到公共服务配置的影响，这就需要政府及时抓住公共服务配置的指挥棒，引导人口变化，使供需之间达到平衡。

二　配置有效性实现的体制选择及对策建议

1. 建立公共服务管理和服务的创新机制，促进公共服务体系的均衡发展

党的十八大提出了社会管理的战略新部署，将社会管理与民生并列为社会建设的重要内容，加快形成党委领导、政府负责、社会协同、公众参与、法制保障的社会管理体制。解决好人民最关心、最直接、最现实的利益问题，维护最广大人民的根本利益，多谋民生之利，多解民生之忧，这既是社会管理公共利益最大化的价值取向，也是科学发展观的核心立场。

（1）加强"政府主导、多方参与"的供给方式。公共管理学及福利经济学的理论都要求政府应在区域公共服务发展中承担主导作用，在当前强调科学发展和突出民生的宏观政策导向下，政府尤应更加关注公共服务需求的发展与变化，以已经较为雄厚的经济发展实力为契机，大力增加公共服务投入。第一，建立政府对公共服务财政支出持续增长的机制，增加公共服务投入在区域财政总支出中的比例，对一些关乎民生的基本公共服务，要明确政府公共财政投入比重的各阶段目标，如财政投入的增速尽量与经济发展水平的增速一致，抑或政府用于公共服务的投

入不低于财政收入的增速；第二，逐步放宽城市公共服务市场准入条件和范围，鼓励社会力量投入城市公共服务领域中。通过政策优惠等激励机制，积极鼓励社会性营利机构和非营利机构的发展，扩大社会服务的供给量，满足居民对公共服务的多样化需求。同时政府可制定相应的监督机制，规范和完善社会力量参与的模式。

（2）建立和完善公共服务转移支付的机制。第一，建立地区财政转移支付制度。对一些经济实力较为突出的地区，提取统筹发展基金，由市政府统筹管理运作，投向经济发展水平相对落后的地区，用于公共服务配置的使用，通过这种方式促进公共服务水平的区域均衡化。第二，建立人口导入区的财政转移支付制度。以常住人口的人均公共服务投入或产出为标准，对由于人口大量导入而使公共服务产生拥挤的地区予以财政倾斜，缓解该地区公共服务的大量需求。

（3）完善社会资源互利共享机制。第一，根据不同的公共服务项目，制定适宜的服务半径，打破以往区县各自为政的配置公共服务的方式，比如，医院、高中教育可以实现全市统筹，义务教育资源可以实现多个区县统筹。第二，加强区域之间公共服务的资源整合。可建立一个公共服务的信息共享平台，各区域定期对公共服务的使用状况进行调查并及时公布，以便准确掌握各区域社会资源的存量及利用情况，方便居民及时了解公共服务的使用状况等信息，以做出适当的使用公共服务的决策，充分利用资源。

（4）将公共服务发展指标纳入政府考核体系中。第一，加快公共服务统计指标向常住人口转变的步伐。目前，与公共服务相关的人均占有量大都以户籍人口作为统计口径，将外来常住人口逐步纳入政府公共服务范畴已是大势所趋，传统的以户籍人口为口径的模式已难以准确反映实际社会资源供需关系，因此政府有必要加快建立以常住人口为统计口径的指标体系。第二，建立有关公共服务的公共财政投入、产出指标。提升公共服务指标在政府绩效考核中的权重及比例，逐步改善以往政府考核中主要关注经济发展指标的现象。同时根据经济社会发展的阶段及不同发展水平的地区，不断调整公共服务的评价指标，使之与公共服务需求的现状相符。

2. 建立公共服务与居民需求紧密相关的协调机制，满足居民多样化的需求

当前，我国经济、社会发展到了一个新的高度，居民对公共服务的需求也日趋多样化，不同群体对公共服务的需求表现多元化的态势，为了使公共服务的供给更有效率，首先有必要把握居民的需求，给予每位居民同等的享受公共服务的权利。

（1）加强推进外来常住人口基本公共服务均等化。城市化过程中，外来常住人口的快速增加了公共服务配置的压力，他们成为城市建设的一支不可忽视的力量，同时有必要为他们提供同等的公共服务。外来人口往往最关注的是子女教育、医疗卫生及劳动和住房保障等基本公共服务问题，且相对集聚在城乡结合部，导致这些地区的教育、医疗资源等相对紧张，为了更好地落实外来人口本地化的目标，使外来人口更好地融入当地社会，享受同等的公共服务，政府应该进一步加大财政转移支付力度，在教育、医疗等公共服务的投入方面向郊区、外来人口聚集区倾斜，保证外来人口子女就近入学、方便就医等。

（2）关注社会弱势群体，共享社会发展成果。一般来说，孤寡老人、低保家庭等属于较为弱势群体，本着公平性的原则，这些群体是政府尤其应当重视的人群，有必要为他们提供全面的公共服务保障，但是由于现有的救助帮困政策具有刚性，在一定时期、一定程度上难以及时跟上困难群体的需求变化，对困难群体的发现和政策落实具有滞后性，因此街道社区等基层部门需要担负起对弱势群体的跟踪调查，及时了解弱势家庭对公共服务的需求及变化，解决这部分群体的后顾之忧，提高社会的保障能力。

（3）通过各种合埋途径提高公共服务的整体质量，提升公众的满意度。随着本市城市化进程的深入，群众对各种社会资源，尤其是优质社会资源的需求量将大幅度提升。首先，有必要加快部分重大公共服务项目的建设步伐，建设一批优质卫生资源、优质教育资源，满足居民对优质资源的需求。其次，多渠道筹集资金，建设一些高质量的公共服务设施，以满足高层次人群的需求。一般来说，外籍人口、高文化程度人口在体育场所、文化设施方面的需求水平较高，而这部分人也是城市建设的重点需求人才，满足他们对公共服务的需求可以增强他们的归属感，

提高他们的居住满意度。然而这部分高端需求并非是政府应当负担的范畴，因此可以通过政策优惠等，引入市场机制及第三方，满足居民对公共服务的高层次需求，增进社会福利。

3. 建立以人口变动为导向的公共服务供给体制，重视人口规划在社会事业配置中的作用。

公共资源的服务对象是全体居民，目前上海市处于产业结构调整、人口变动较大的时期，因此要及时把握人口分布的信息，顺应人口的变动配置公共资源。

（1）整合各方人口信息，及时把握人口信息的变动状况

当前整个不同部门掌握着不同的人口信息，如民政部的人口与社会保障信息、计生委的计划生育相关信息，与宏观数据相比，各部门掌握的信息更为细致，但由于分属不同部门，在使用的时候往往难以共享，给许多工作造成不便。因此可建立相关数据平台，将各部门掌握的人口信息进行整合，为地区的公共服务配置提供依据。

（2）定期预测人口未来的发展状况，掌握人口分布的动态趋势

不可否认的是，公共服务的配置常滞后于人口的变动。首先城市化过程人口的分布是具有规律的，如上海市处于逆城市化阶段，人口向郊区集聚，那么公共资源的配置也需与之相符合。其次由于第四次生育高峰的到来，学前教育资源出现紧缺，因此在配置公共服务的时候，需要把握区域内未来一段时间的人口变动趋势，如此便可以将公共资源配置滞后与人口变动的时间差异缩小。最后，将预测结果定期更新，并在人口信息平台中共享，供各部门进行参考，在制定相关社会事业规划的时候，能够结合本区域人口的发展趋势进行配置，以做出更科学、更合理的规划。

本章小结

本章主要总结前一章在实证分析中发现的公共服务配置过程中存在的供需矛盾，主要包括：

1. 供给总量不足并非是人均拥有量的不足，相反以医疗资源为例，我国人均拥有的医疗床位、医生数与相同发展水平的国家相当，供给不

足主要体现在长久以来城市公共服务的发展速度与经济增长速度不相适应，即公共服务供给速度落后于经济发展速度。

2. 资源配置的结构性失衡。客观及主观原因造成的优质资源的存在加剧了资源空间分配的不均衡现象。

3. 供给类型与居民偏好不符。从微观层面来分析，供给资源存在差异、服务态度差和政策碎片化等原因导致供给与居民的实际偏好不符，居民的满意度差等问题突出。

本书从供给、需求及供需结合三个方面探讨了造成以上供需矛盾的原因：

1. 从供给方面来看，以政府为主导，市场参与，第三部门介入不足导致公共服务供给不足；分级财政存在的各级政府责权不明导致缺乏统筹协调政策；区域政策碎片化加剧了供给区域不均。

2. 从需求方面来看，外来人口涌入、人口结构变化导致公共服务的需求规模剧增；人口空间分布的快速变化与公共服务配置的空间错位，导致公共服务不均的现象突出；社会多元化导致不同背景、文化程度的人群对公共服务的需求产生差异，对供给提出更多挑战。

3. 户籍制度的残留，导致城市公共服务尚不能完全均等化地覆盖外来人口；政府缺乏把握居民偏好的显示机制，导致供给与需求不匹配；城市规划的一刀切与不同人群的空间分布差异不适应；公共服务管理体制问题导致的需求释放及过度需求。

此外，根据目前城市公共服务存在的问题，本书认为必须满足明确政府职责、把握居民需求、重视人口因素三个条件，城市公共服务才能有效分配，在此基础上，本书提出城市公共服务有效分配的对策建议：

1. 建立公共服务管理和服务的创新机制，促进公共服务体系的均衡发展。完善"政府主导、社会参与"的供给机制；改革和完善市、区公共服务转移支付的机制；改革公共服务发展指标的统计、考核与评价体系。

2. 建立公共服务与居民需求紧密相关的协调机制，满足居民多样化的需求。推进外来常住人口基本公共服务均等化；关注社会弱势群体，共享社会发展成果；通过横向和纵向的整合，托管、联合等途径提高公共服务的整体质量，提高公众的满意度。

3. 建立以人口变动为导向的公共服务供给体制，重视人口规划在社会事业配置中的作用。整合各方人口信息，及时把握人口信息的变动状况；定期预测人口未来的发展状况，掌握人口分布的动态趋势。

第七章

结论及讨论

第一节　基本结论

一　我国城市公共服务配置过程中存在的问题

1. 在供给上，供给并未与居民日益增长的需求水平相适应。在本书的面板数据结果中发现，医疗资源、养老资源的模型虽然与其服务对象的增长相适应，但并未与经济发展水平，即居民的需求水平相一致。经过对比发现，与其他相同经济发展阶段的国家相比，我国发达地区的医疗服务水平处于中上等水平，这也说明医疗水平的确定是一个世界难题，供给数量的增长并不能代表其医疗供给的合理性和有效性。此外，虽然医疗资源所服务的对象是全体公民，但是老年人口却是医疗资源的重点服务人群，从本书的模型中也发现，老年人口的数量与医疗水平是负相关的，老年人口绝对数量的增长无疑给医疗资源带来了较大压力。

2. 在分配中，部分城市公共服务存在空间上与服务对象的失衡，"优质"公共服务的空间不匹配现象，加剧了城市公共服务空间上的不均衡分配，并引发了许多社会问题；在基本公共服务的覆盖率上，上海市做到了全覆盖。

3. 在利用中，居民对不同性质的公共服务具有不同的偏好。与社区卫生中心相比，居民更偏向到综合医院就医；比起私立养老院，居民更偏好在公立养老院养老。这些偏好的存在导致了不同性质资源之间利用率的差异，甚至导致资源不足与利用不足并存的矛盾；从表达偏好来看，居民对养老、医疗以及教育的不满意度高于文化体育，户籍人口对公共服务的不满意度高于外来人口，提高质量、增加数量是居民对公共服务最大的需求。

二　阻碍城市公共服务配置有效性的供需矛盾及机制

1. 城市公共服务供需之间的矛盾揭示

第一，供给总量不足并非是人均拥有量的不足，相反以医疗资源为例，我国人均拥有的医疗床位、医生数与相同发展水平的国家相当，供给不足主要体现在长久以来城市公共服务的发展速度与经济增长速度不相适应，即公共服务供给速度落后于经济发展速度。第二，资源配置的结构性失衡。客观及主观原因造成的优质资源的存在加剧了资源空间分配的不均衡现象。第三，供给类型与居民偏好不符。从微观层面来分析，供给资源存在差异、服务态度差等原因导致供给与居民的实际偏好不符，居民的满意度差等问题突出。

2. 阻碍城市公共服务配置有效性的机制探究

第一，从供给方面来看，以政府为主导，市场参与，第三部门介入不足导致公共服务供给不足；分级财政存在的各级政府责权不明导致缺乏统筹协调政策；区域政策碎片化加剧了供给区域不均；第二，从需求方面来看，外来人口涌入、人口结构变化导致公共服务的需求规模剧增；人口空间分布的快速变化与公共服务配置的空间错位，导致公共服务不均的现象突出；社会多元化导致不同背景、文化程度的人群对公共服务的需求产生差异，对供给提出更多挑战；第三，户籍制度的残留，导致城市公共服务尚不能完全均等化地覆盖外来人口；政府缺乏把握居民偏好的显示机制，导致供给与需求不匹配；城市规划的一刀切与不同人群的空间分布差异不适应；公共服务管理体制问题导致的需求释放及过度需求。

三　城市公共服务有效供给的途径

本书认为必须满足明确政府职责、把握居民需求与重视人口因素三个条件，城市公共服务才能有效分配，在此基础上，本书提出城市公共服务有效分配的对策建议：

第一，建立公共服务管理和服务的创新机制，促进公共服务体系的均衡发展。完善"政府主导、社会参与"的供给机制；改革和完善市、区公共服务转移支付的机制；改革公共服务发展指标的统计、考核与评价体系。第二，建立公共服务与居民需求紧密相关的协调机制，满足居民多样化的需求。推进外来常住人口基本公共服务均等化；关注社会弱势群体，共享社会发展成果；通过横向和纵向的整合、托管、联合等途径提高公共服务的整体质量，提高公众的满意度。第三，建立以人口变动为导向的公共服务供给体制，重视人口规划在社会事业配置中的作用。整合各方人口信息，及时把握人口信息的变动状况；定期预测人口未来的发展状况，掌握人口分布的动态趋势。

第二节 讨论及理论思考

一 对城市公共服务"公共"性的探讨

如果按照传统的公共服务的定义来看，非排他性和非竞争性是公共服务的基本特性，正是这种特性，使得公共物品不能由市场供给，必须由政府出面供给。如果仅以这两个特点作为判断该物品是否该由政府提供，那么无疑是相对简单和容易的，但事实上，由政府供给的公共物品却复杂得多，虽然学术界大都认为基本公共服务应当由政府提供，但本书中涉及的基础教育、医疗、公共文化体育和养老资源等并不全是属于基本公共服务的范畴，这些资源的"公共性"如何界定？哪些是必须由政府提供的，提供到什么程度？理清所谓"公共物品"的"公共性"是政府有效分配公共物品的前提。

1. 基础教育的属性判定

公共服务品具有非竞争性与非排他性，非竞争性即同一单位的公共产品可以被许多人消费，它对某一个人的供给并不能减少对其他人的供给，但有些产品是有条件的，具有非竞争性，在达到拥挤点之后，非竞争性就消失了。非排他性即指公共服务不能因为拒绝付款的个人而终止，非排他性的原因有三种：一、不必排他或不值得排他，因为无论是否排他对某个消费者的消费没有任何影响；二、不应该排他，从效率上考虑，非竞争性的产品多提供给一个人使用的成本是零，如果实行排他会造成使用上的损失；从伦理角度上考虑，一些公共性的产品或服务不应该排他，即便是在竞争性产品的场合，人口的增加会减少每个人得到的效用，但却不能只提供给富人而不提供给穷人；三、排他成本过高而不能排他，如道路和电视台①。

在以往的历史时期中，教育有过属于私人物品的时候，那个时期的教育是属于有钱人的特权。在当前社会中，广大学者及民众普遍认为除了私立学校是完全的私人物品以外，公立学校属于公共物品，抑或准公共物品。由于教育的公共性并不应当按照经典经济学理论推演，而应当由教育在人类共同体所独有的使命所决定，即由公共教育的教育学属性决定：教育是人人共享的公共事务②。这既是说明教育具有非排他性的第二个特征，不应该排他，从伦理上，无论富人还是穷人都应当享受同等的教育权利；同时教育具有公平性，只要居民有需求及相应的能力，就应当获得接受教育的权利，因此教育应当具有非竞争性。

在明确了基础教育资源的公共性后，我们需要分别来判断基础教育资源的特点，首先是义务教育资源，国家义务教育法明确规定每个公民均有享受义务教育的权利。义务教育是由政府财政提供的，居民不必支付任何学费即可享用，从供给的主体及居民是否付费的角度来看，义务教育可以说是属于纯公共物品，且属于居民基本公共服务的范畴。其次是幼儿园、高中资源，公立幼儿园及高中是由政府供给，但从现阶段来看，政府的能力有限，居民需要部分付费以减轻政府的负担，也即具有部分排他性的产品，属于准公共物品的范畴。虽然幼儿园并不是强制每个适龄儿童入园，但是随着社会的进步，国民对教育的重视，在一些发达城市，幼儿园入园率节节攀高，与此对应的则是公办幼儿园数量不足、私立幼儿园费用太高的现实，在这种情况下，必然导致入园难。幼儿园资源实际是一种应当具有非竞争性的资源，但是由于供给不足，需求迅速增长的现实，使其成为了具有竞争性的产品，导致了供需的矛盾。高中教育并不强制所有适龄人口入学，虽然普通高中是一种选拔式教育，但从上海市高中教育资源的状况来看，高中教育资源充沛，只要是有意愿并有能力的学生都可以入学，所以高中教育具有非竞争性。

---

① 许彬：《公共经济学导论——以公共产品为中心的一种研究》，黑龙江人民出版社 2003 年版，第 24 页。

② 邵泽斌：《从"义务教育是公共物品"到"公共物品实行义务教育"——对教育公共性的一种教育学辩护》，《广西师范大学学报》（哲学社会科学版）2010 年第 3 期。

2. 医疗服务的属性判定

本书所指的医疗资源是医疗卫生体系，由于居民的生命权、健康权作为最基本的人权受到法律的保护，因此医疗机构不能成为特定人群的私人物品，从这个意义上，医疗机构应当是具有非排他性、非竞争性的特点，中央政府在多次报告中也指出，"要保障公立医院的公益性"。为了防止拥挤、"搭便车"及过度消费的行为，医疗机构的运行需要通过部分收费的措施，限制医疗资源的过度使用。虽然社区卫生中心属于基本公共服务，在设施的配置上由政府主导供给，但是在医疗费用的承担上，与其他医疗资源并无差异，居民的医疗费用大都由个人承担，虽然部分居民参加了政府强制的医疗保障、大病统筹医疗，但在这个过程中，无论社区卫生中心还是其他医疗资源，政府只是承担了政策主导的角色，大病统筹医疗也仅仅是居民医疗资金筹资的一种方式，归根结底，医疗费用是由居民自己承担，同时由于医疗资源的有限，医疗资源具有了竞争性。可见，医疗机构在实际运营中，更偏向私人物品的属性，离公益性的目标尚存在一定距离。

3. 养老服务属性的界定

以往的公立养老院主要针对无劳动能力、无经济来源、无法定赡养人的困难老人群体，具有保障性、公益性，因此应当属于非竞争性、非排他性的纯公共服务。随着我国老龄化的深入，公立养老服务逐渐加入了营利性质，可以接收自费入住的老人，这使得养老院具有双重性质，既可以接受政府的资助，又可以盈利。然而当前存在的问题是，接收"三无"老人的功能逐渐弱化，转而成为部分权利阶层的福利[①]。由于养老院并不是针对全体老年人，大部分地区提出了3%的老年人入住养老机构的目标，具有竞争性。与此同时，公立养老院拿着政府补贴，减少了入住老年人需承担的入院费用，但在环境及条件上并不比私立养老院差，违背了最初的保障性质，同时也挤占了私立养老院的运营空间。

---

① 《广州居家养老模式陷困境，老人不愿掏钱买服务》。(http://www.news.sina.com.cn/c/2011-11-26/013023527743.shtml)

表7-1   公共服务的属性及分类

		属性	层次	竞争性	排他性	类型
理论上	义务教育	公共性及公平性	基本公共服务	非竞争性	非排他性	纯公共物品
	幼儿园、高中	非强制性	非基本公共服务	非竞争性	部分排他	近纯公共物品
	初级医疗机构	公益性	基本公共服务	非竞争性	非排他性	纯公共物品
	其他医疗机构		非基本公共服务	非竞争性	部分排他	近纯公共物品
	养老机构	保障性	基本公共服务	非竞争性	非排他性	纯公共物品
现实中	义务教育	公共性		非竞争性	非排他性	纯公共物品
	幼儿园	不强求全体入学		竞争性	部分排他性	近私人物品
	高中	选拔性		非竞争性	部分排他性	近纯公共物品
	医疗	营利性		竞争性	排他性	私人物品
	养老	3%入院		竞争性	部分排他性	近私人物品

二 政府配置公共服务的职责定位

确切地说，公共服务分为三类：一类是纯公共物品，如教育资源；二类是混合公共物品，如医疗资源，为了拥挤及过度消费的状况，而具有部分公共物品的性质；三类是私人物品，这部分主要是指为了满足居民需求、多方位集资、由私人筹资建立的公共服务，如私立学校、私立养老院，具有私人物品的性质，主要是为了满足居民的多样化需求，由于费用比公立资源要高，因此供给的质量和水平应当更高。

在纯公共物品及混合公共服务品领域，由于他们的特殊性，使得政府在这些产品中具有义不容辞的责任。其一，福利经济学中认为，市场机制在公共服务的供给中失灵，为了实现居民对公共服务的"私利"，实现帕累托最优，有必要由政府主导提供公共服务。其二，新公共服务理论认为政府是全体大众公共利益的代表，有责任提供具有公益性的公共服务，提高居民的生活质量，促进社会公平，以实现"公利"。其三，从反面来推导，由于信息的不对称，公共服务的供给者更愿意提供高价格、高质量与高收益的公共服务，居民不具备相应信息，容易被诱导消费、过度消费，如医疗、教育服务，所以政府有必要充当一个"监督者"的角色，区分公共服务的品质、种类，控制价格，以保证居民得到合适的公共服务。

　　然而政府也并不是全能的，首先由于政府的财政能力有限，即便是在纯公共服务领域也不能完全做到由政府供给。一般来说，对一些关乎居民基本需求、关乎国家发展的基本公共服务应当由政府主导供给，如义务教育、社区卫生中心；对非基本公共服务，如高中、幼儿园，基于当前的国情，尚不具备政府完全承担的能力，因此应当具有部分排他性，以减轻政府负担。此外，由于居民的需求是多元化的，完全依靠政府提供公共服务是不能满足居民的多样化需求的，对一些满足居民多样化需求差异的、高质量的公共服务则需要引入多种渠道负担，政府主要起监督、引导的作用。

　　从我国目前的状况来看，政府提供的部分公共服务存在两个问题：第一，"缺位"——定位不清，在应当由政府主导承担的基本公共服务领域供给不足，如对"三无"老人的养老服务；在具有公益性的纯公共物品或接近纯公共物品，但属非基本公共服务领域，可根据现阶段国情部分排他，但却不应具有竞争性，如医疗资源、幼儿园教育；第二，"越位"——供给的层次不明，政府承担了完全可以由市场供给的公共服务，如盈利部分的公立养老院。政府的"缺位"与"越位"使得一方面对居民基本的、迫切的需求供给缺失；另一方面给参与公共服务的私营资本以压力，并且在政府提供的高品质资源下易滋生腐败，使供需之间的矛盾扩大，影响居民的满意度，成为社会不稳定的隐患。

三　公共服务配置的公平性

　　本书中所提到的公共服务除了本身具有非竞争性、非排他性的属性以外，还被人为地划定为封闭性公共服务及开放性公共服务。封闭性公共服务主要是教育服务中的幼儿园、义务教育，采取就近划片入学，居民不能随意选择与居住地或户口所在地不同的教育资源；开放性公共服务即是居民可以自由选择资源，不受区域限制，如医疗资源。福利经济学认为，在资源配置的过程中，不能一味强调效率，虽然效率可以达到帕累托最优，但是公平性不可忽视，它的存在可以促进社会整体福利。与结果的公平性相比，分配的公平性决定了每个公民获得资源的机会是否均等。在公共服务分配的过程中，空间的失衡违背了机会均等的理念，优质资源的存在更加剧了这种居民获得公共服务的空间不均等。对封闭性公共服务与开放性公共服务来说，优质资源的存在带来了不同的结果。

对封闭公共服务——教育服务来说，无论客观还是主观存在的"优质"资源，由于划片入学，本区以外的适龄儿童并没有享受"优质"资源福利，与区域内的适龄儿童相比，并没有得到同等的入学机会。高中教育属于选拔入学，在一个区县内，适龄人口可根据成绩进入实验中学，但是由于区县之间实验中学的数量存在较大差异，所以对实验中学较多的区县，如徐汇区，适龄人口可以享受到较多的优质资源，使得区域之间适龄人口存在着机会不均等的现象。对这种问题，一方面可以效仿私立学校，对一些长久以来在教育水平上具有较大优势和较好口碑的教育资源，可以逐步向全区乃至全市适龄儿童开放，竞争入学，为每位学生提供同等的机会；另一方面还需加强普通教育资源的均等化配置。

对开放性公共服务——医疗服务来说，由于并没有区域的限制，优质医疗资源的覆盖半径大，它的存在为每位居民提供了相同的入院机会，但是从服务的可获得性来说，优质资源多集中在市区，郊区相对缺乏，不符合就近入院、方便就医的原则，交通上的不便造成了郊区居民与市区居民实际可获得性的差异，给实际的机会均等制造了麻烦。针对这些问题，一方面要均等三级医院在地区间的差异；另一方面可以加强交通设施的建设，缩短市区与郊区之间的时间距离。

四 公共服务配置有效性的动态变化

通过本书的研究发现，公共服务配置的有效性包括有效供给、有效分配、有效利用三个部分，三个维度对城市公共服务配置有效性的贡献依次增高。有效供给、有效分配虽然是政府主导甚至参与供给的，但也并不能完全脱离了居民的需求，只能说政府在主导或是参与供给的过程中也存在自身的偏好，比如，政绩偏好、增量偏好等，这与居民的偏好有所不同。本书研究的三个城市中，苏州市有效供给不足，有效分配较好；上海市有效分配不均；大连市在供给方面较好，三个城市各有特点，但在有效利用方面得分均较低。这表明城市公共服务配置的有效性逐渐向有效利用，即供给种类、水平与居民偏好协调性转移，凸显公民对城市公共服务有效性评价的重要，而这方面却也是目前城市公共服务的薄弱环节。新公共服务理论中强调重视人，而不是重视生产效率，赋予每个人同等地享受公共服务的机会，由政府偏好的公共服务投入，向重视居民权益及需求偏好的公共服务转变，符合新公共服务理论倡导的建立一个公民本位、追求公共利益为根本的行政体系的理念。

　　然而，这也并不能说明有效供给是无关紧要的，并不能一味地迎合全体居民的需求，完全忽视政府的供给偏好。因为有的时候居民并不能理性地表达自己的需求。第一，居民难以明确自己的需求。公民其实往往最注重基础的需求，而对可能的或者高层次的需求缺乏认知，这是由于需求环境、需求阶段以及需求人群的差异造成的。有的时候这种需求的"围城"困境并不意味着绝对的需要，而是阶段性的比较和补差心理。所以公民的需求总是表达不充分或者是多变的，寻求一种明确的认知目前似乎还不可能[1]。第二，即使公民可以明确自己的需求，但限于表达能力、个体情绪、性格，及表达成本，也并不能完全表达出自己的需求。第三，从心理学上来看，个体只要活着，必然有需求，生命不止需求不止，所以有的时候个体的满意度总是难以满足的，居民对公共服务的需求也是如此，这往往给政府判断居民的需求造成障碍。因此要解决这种问题，在注重居民主体需求的同时，也不可放弃政府的供给偏好，使公共服务有效利用的权重控制在一定的范围之内，不盲目扩大。

五　快速城市化过程中人口变动对城市公共服务配置的影响

　　本书在对城市公共服务配置有效性的研究中，加入了人口学因素，有效供给考虑了人口总量对公共服务的影响，有效分配探讨人口分布与公共服务之间的关系，有效利用则考虑了不同社会结构人群对公共服务的需求。新公共服务理论中强调以人为本，突出群众的地位，那么人口便是人的集合，所有群众的总体。把握人口因素，使之与城市公共服务的配置相适应，符合福利经济学中帕累托改进的标准，可以不断提高总体的社会福利。相比较固定配置的城市公共服务，人口因素更具不稳定性，但人口的变动并不是无迹可寻，把握人口的变动规律即可未雨绸缪地配置公共服务。

---

　　[1] 魏洪亮：《新公共服务理论的超越与困惑》，法律图书馆网站收藏。（http：//www. law - lib. com/lw/lw_ view. asp？no =7803.）

根据城市化发展阶段理论，城市化是一个城市人口增长率由慢至快、至加速增长、最后停滞的阶段，其中在城市化率达到30%以后，城市化水平进入加速阶段，并持续增长到70%左右。根据《2012 中国新型城市化报告》显示，2011 年底我国内地城市化率首次突破 50%，达到51.3%[①]。这意味着我国进入城市化加速发展的阶段，未来一段时间内，城市人口大量增加将成为发展的主流，给城市公共服务的配置将带来持续的压力。但这并不能一概而论，由于我国经济社会的地域发展差异，人口涌入的地区还是有规律可循，人口增长点主要集中在沿海发达城市，尤其是一些大城市，人口增速较快，那么对这些城市来说未来一段时间内，增加公共服务的供给数量、缓解公共服务的拥挤将是首要任务。在城市的发展过程中，外来人口逐渐成长为一支不可忽视的力量，仅以户籍人口为统计口径进行公共服务的配置及政府的绩效考核，不仅没有考虑外来人口的利益，不符合以人为本的理念，而且也夸大了户籍人口实际拥有公共服务的数量，掩盖了内部供不应求的事实。

在城市化中，城市内部人口的空间地域变动也是有规律的，根据霍尔的城市化四阶段理论，在城市化阶段，人口向城市中心集聚；在郊区化阶段，人口向中心城市的边缘——郊区集聚；在逆城市化阶段，中心城区、郊区人口数量均出现下降，但中心城区人口的下降速度快于周围地区；在再城市化阶段，中心城市人口增长速度再一次超过周围地区。不同的城市化阶段，人口的空间分布在中心城区与郊区之间变动，以上海市为例，目前郊区已经成为人口集聚的重点区域，给本来就薄弱的郊区资源带来许多压力，据测算，2010—2020 年，随着上海市产业的郊区化，中心城区人口密度将继续下降，人口郊区化将进一步加剧[②]。公共服务的配置应顺应人口的空间分布规律，那么郊区将是今后很长一段时间内公共服务投入的重点区域。

此外，城市化的过程并不是仅包含人口集聚与分散的作用，它是多维的，是人口、经济、社会共同发展的结果。城市化的原动力对社会发

---

① 中国科学院可持续发展战略研究组：《2012 中国新型城市化报告》。（http：//www. finance. people. com. cn/n/2012/1102/c70846－19477425. html）

② 吴瑞君等：《上海人口分布于公共服务及资源配置问题研究》，上海市第六次全国人口普查资料开发研究招标课题，2012 年。

展施加影响，社会就让步于城市机构、城市价值观和城市的需求，相对人口的变动，社会的变化过程是不可逆转的，这种变化不仅发生于城市，而且从城市向外蔓延，给乡村也带来变化①。根据美国学者罗斯托的理论，一个国家的人均 GDP 由 1000 美元向 3000 美元过渡时期，是该国公共产品需求迅速扩张的时期，国民的教育、医疗、卫生和社会保障等公共产品需要大大增加，而我国经济早已进入这样一个发展阶段，居民对社会消费结构向着发展型、享受型升级，这就对公共服务的配置提出了更多、更高、更多样化的要求。从本书有效利用的研究中发现，居民不仅希望提高城市公共服务的供给数量，而且希望提高供给质量，提升服务水平。诚然居民的需求是多样化的，同时满足每个居民的需求也并不现实，这就需要把握居民的主流需求、最迫切需求、保障基本需求，多渠道满足高端需求，在不损害一部分人利益的同时，增加另一部分人的福利是符合帕累托改进原则的。

第三节　本书研究的不足及未来的展望

一　本书研究的不足

1. 研究数据的不足

由于本书对城市公共服务配置有效性的判断涉及有效供给、有效分配、有效利用三个方面以及多维度的评价，因此涉及的内容较为详细，数据较多，甚至有些不可得，因此本书仅以医疗服务为例，未能对其他公共服务进行评价。同时，由于课题等原因，大连、上海、苏州三个城市公共服务配置有效性的评价数据比较充分，但是对其他城市，如若要综合进行城市公共服务配置有效性的评价，尚需要较大精力去搜集数据资料。

2. 客观熵值法的美中不足

本书对公共服务配置有效性的权重赋值采用客观的熵值法，虽然比主观赋值方法具有一定的优势，但它主要依赖数据的差异性进行赋值，

---

① 闫小培、林初升：《第三世界城市化：西方城市化过程的重现》，《人文地理》1994 年第 2 期。

缺乏了主观赋值的经验性，在以后的研究中，如能将两者结合，那么或许可以得出更有意义的结论。

二 未来研究的方向

1. 深入、细致的微观研究

本书有效供给、有效分配是从宏观中对公共服务配置有效性的研究，虽然在有效利用中设计了问卷调查方面的微观研究，但是未来公共服务发展的方向是以人的需求为主，那么对微观方面居民需求的研究将是未来研究的重点及热点，然而如何把握居民正确的、主流的需求也是研究的难点。

2. 研究方法的比较

本书采取了较多方法对公共服务有效性进行判定，比如，在有效分配中采用基尼系数的方法，但学术界对判断公共服务配置的均等化存在其他的研究方法，如果能对几种方法之间的差异进行比较，那么可以将更多方法的优点结合。

3. 权重测定的主观因素

本书的研究中采用客观的熵值法进行权重赋值，熵值法具有客观性的优点，但是也缺失了主观研究方法的经验。由于主观权重赋值的限制条件要求较高，在本书中尚未采用，今后如果能将主观与客观方法相结合，那么将能得出更理想的结论。

参考文献

中文文献：

[1] ［美］埃莉诺·奥斯特罗姆：《公共事务的治理之道——集体行动制度的演进》，余逊达、陈旭东译，上海三联书店 2000 年版。

[2] ［美］安东尼·唐斯：《民主的经济理论》，姚洋、邢予青等译，上海世纪出版集团 2005 版。

[3] 安体富、贾小俊：《地方政府提供工农服务影响因素分析及均等化方案设计》，《中央财经大学学报》2010 年第 3 期。

[4] 边燕杰、刘勇利：《社会分层居住——对中国五普数据的分析》，《社会学研究》2005 年第 3 期。

[5] ［美］保罗·萨缪尔森、［美］威廉·诺德豪斯，《经济学》（第十七版），萧琛译，人民邮电出版社 2004 年版。

[6] 陈昌盛：《中国政府公共服务：体制变迁与地区综合评价》，中国社会科学出版社 2007 年版。

[7] 陈光：《公共服务评价：理论与实践——首届中国公共服务评价国际研讨会综述》，《中国行政管理》2006 年第 2 期。

[8] 陈海威：《中国基本公共服务体系研究》，《科学社会主义》2007 年第 3 期。

[9] 陈洁、陆锋、程昌秀：《可达性度量方法及应用研究进展评述》，《地理科学进展》2007 年第 5 期。

[10] 陈伟东、张大维：《中国城市社区公共服务设施配置现状与规划》，《人文地理》2007 年第 5 期。

[11] 陈宪、康艺凡：《中国城市公共服务指数》，《科学发展》2011 年第

2 期。

[12] 陈燕萍：《论居住区相关设施配置之道体系的改革》，《建筑学报》2000 年第 4 期。

[13] 陈英耀、王立基、王华：《卫生服务可及性评价》，《中国卫生资源》2000 年第 6 期。

[14] 程建华、武靖州：《我国公共物品多元化供给问题探析》，《价格理论与实践》2007 年第 10 期。

[15] 陈春林、梅林、刘继生、韩阳：《国外城市化研究脉络评析》，《世界地理研究》2011 年第 1 期。

[16] [美] 戴维·奥斯本、[美] 特德·盖布勒：《改革政府》，上海译文出版社 2006 年版。

[17] 丁元竹：《基本公共服务如何均等化》，《瞭望新闻周刊》2007 年第 22 期。

[18] 段沁江：《我国医疗服务公益性导致"看病难、看病贵"》，《卫生经济研究》2007 年第 4 期。

[19] 方远平，闫小培：《西方城市公共服务设施趣味研究进展》，《城市问题》2008 年第 9 期。

[20] [美] 弗里德曼：《资本主义与自由》，张瑞玉译，商务印书馆 2004 年版。

[21] 高军波等：《西方国家城市公共服务设施供给理论及研究进展》，《世界地理研究》2009 年第 4 期。

[22] 高铁梅：《计量经济分析方法与建模：EVIEWS 应用及实例》，清华大学出版社 2009 年版。

[23] 顾鸣东、尹海伟：《公共设施空间可达性与公平性研究概述》，《城市问题》2010 年第 5 期。

[24] 关信平：《改革开放 30 年中国社会政策的改革与发展》，《甘肃社会科学》2008 年第 5 期。

[25] 国务院发展研究中心课题组：《对中国医疗卫生体制改革的评价与建议（概要与重点）》，《中国发展评论》（中文版）2005 年第 1 期。

[26] 国家统计局：《2011 年中国人口总量及结构变化情况》。（http://

politics. people. com. cn/GB/70731/16913213. html？prolongation = 1）

[27] 《广州居家养老模式陷困境：老人不愿掏钱买服务》。（http：//
news. sina. com. cn/c/2011 – 11 –26/013023527743. shtml）

[28] 何静：《市场营销学》，华中科技大学出版社 2004 年版。

[29] 何增科：《中国公民社会组织发展的制度性障碍分析》，《宁波党校
学报》2006 年第 6 期。

[30] 何精华、岳海鹰、杨瑞梅：《农民公共服务满意度及其差距的实证
分析——以长江三角洲为例》，《中国行政管理》2006 年第 5 期。

[31] 黄晨熹：《社会政策》，华东理工大学出版社 2008 年版。

[32] 黄成礼、庞丽华：《人口老龄化对医疗资源配置的影响分析》，《人
口与发展》2011 年第 2 期。

[33] 侯惠勤、辛向阳、易定宏：《中国城市基本公共服务能力评价
（2010—2011）》社会科学文献出版社 2011 年版。

[34] 焦亚波：《社会福利社会化背景下的上海养老机构发展研究》，博士
论文，华东师范大学，2009 年。

[35] 教育部高教司组：《西方经济学（微观部分）》（第四版），中国人
民大学出版社 2007 年版。

[36] 景跃军、张景荣：《社会分层研究与中国社会分层现状》，《人口学
刊》1999 年第 5 期。

[37] 孔祥智、涂胜伟：《新农村建设中农户对公共物品的需求偏好及影
响因素研究——以农田水利设施为例》，《农业经济问题》2006 年
第 10 期。

[38] 李成威：《公共产品的需求与攻击——基于评价与激励理论的分析
框架》，《财政研究》2005 年第 5 期。

[39] 李景源、陈威：《中国公共文化发展服务报告》，社会科学文献出版
社 2007 年版。

[40] 李敏纳、覃成林、李润田：《中国社会性公共服务服务区域差异分
析》，《经济地理》2009 年第 6 期。

[41] 李霞、蒲春玲、李雪艳、孟梅：《农村公共服务需求特征研究——
基于新疆北疆地区的典型性调查》，《山东农业科学》2010 年第
7 期。

[42] 李强：《论主观社会指标及其在我国的应用》，《社会学研究》1986年第6期。

[43] 厉以宁、吴易风、李懿：《西方福利经济学述评》，商务印书馆1984年版。

[44] 梁炜、任保平：《中国经济发展阶段的评价及现阶段的特征分析》，《数量经济技术经济研究》2009年第4期。

[45] 林康、陆玉麒、刘俊：《基于可达性角度的工农产品空间公平性的定量评价方法：以江苏省仪征市为例》，《地理研究》2009年第1期。

[46] 刘德吉：《国内外公共服务均等化问题研究综述》，《上海行政学院学报》2009年第6期。

[47] 刘慧：《区域差异测度方法与评价》，《地理研究》2006年第4期。

[48] 刘武、杨雪：《论政府公共服务的顾客满意度测量》，《东北大学学报》（社会科学版）2006年8月第2期。

[49] 刘小鲁：《区域性公共物品的最优供给：应用中国省级面板数据的分析》，《世界经济》2008年第4期。

[50] 卢洪友、卢盛峰、陈思霞：《中国地方政府供给公共服务匹配程度评估》，《财经问题研究》2011年第3期。

[51] 卢洪友等：《中国城市公共事业经济管制机制研究》，经济管理出版社2007年版。

[52] 吕炜：《我国基本公共服务提供均等化问题研究——基于公共需求与政府能力视角的分析》，《经济研究参考》2008年第34期。

[53] ［美］MacStravic RS：《床位使用率的标准》，付大绥译，《国外医学》（卫生经济分册）1983年第3期。

[54] 马国贤：《中国公共支出与预算政策》，上海财经大学出版社2001年版。

[55] 马慧强、韩增林、江海旭：《我国基本公共服务空间差异格局与质量特征分析》，《经济地理》2011年第2期。

[56] ［美］曼昆：《经济学原理》（第3版上册），梁小民译，机械工业出版社2005年。

[57] 毛一竹、罗争光：《养老院门槛有多高？——城市公办养老机构

"逐富弃贫"》。（http：//news. xinhuanet. com/politics/2012 – 10/10/c_ 113324513. htm）

[58] 孟兆敏：《我国户籍制度改革研究的回顾与展望》，《西北人口》2008 年第 1 期。

[59] 欧阳海燕：《超过半数人肯定新医改 八成人对保障房不放心》，《小康》2012 年第 3 期。

[60] 齐明珠、童玉芬：《北京市区县间医疗资源配置的人口公平性研究》，《北京社会科学》2010 年第 5 期。

[61] 秦颖：《收入水平与公共品需求结构关系探讨》，《经济与管理》2006 年第 12 期。

[62] 曲正伟：《秩序的扩展：改革开放三十年我国教育政策的演进路径》，《教育理论与实践》2010 年第 2 期。

[63] 冉光和、张明玖、张金鑫：《公共服务供给与经济增长关系区域》，《财经问题研究》2009 年第 11 期。

[64] 《上海城郊养老机构"冰火两重天"》。（http：//www. xiangrikui. com/yanglao/pinglun/20120716/243820_ 1. html）

[65] 上海市质量协会用户评价中心：《2012 年上海城市公共交通服务质量现状调查》。（http：//www. gov. cn/gzdt/2012 – 10/22/content_ 2248482. htm）

[66] 上海徐汇区发改委、华东师范大学人口所课题组：《徐汇区人口资源与经济社会发展的关系研究》，2012 年。

[67] 上海市卫生局：《上海三年内三级医院覆盖市郊各区县，看病更方便》。（http：//health. sohu. com/20081226/n261438192. shtml）

[68] 邵泽斌：《从"义务教育是公共物品"到"公共物品实行义务教育"——对教育公共性的一种教育学辩护》，《广西师范大学学报》（哲学社会科学版）2010 年第 3 期。

[69] 沈满洪、谢慧明：《公共物品问题及其解决思路——公共物品理论文献综述》，《浙江大学学报》（人文社会科学版）2009 年第 10 期。

[70] 沈荣华：《各级政府公共服务职责划分的指导原则和改革方向》，《中国行政管理》2007 年第 1 期。

[71] 宋正娜、陈雯、张桂香、张蕾：《公共服务设施空间可达性及其度

量方法》,《地理科学进展》2010 年第 10 期。

[72] 孙燕:《我国教育政策变迁研究》,《山西财经大学学报》(高等教育版) 2010 年第 4 期。

[73] 唐娟莉、朱玉春、刘春梅:《农村公共服务满意度及其影响因素》,《当代经济科学》2010 年第 1 期。

[74] 王桂胜:《福利经济学》,中国劳动社会保障出版社 2011 年版。

[75] 王培、王炎鑫、崔巍:《面板数据的因子分析》,《贵州大学学报》(自然科学版) 2009 年第 6 期。

[76] 王伟同:《公共服务投入决策与产出效果的互动影响》,《财经科学》2010 年第 10 期。

[77] 王心赤、李朝鲜:《主观指标开发使用中几个值得注意的问题》,《统计研究》1987 年第 6 期。

[78] 王雍君:《中国的财政均等化与转移支付体制改革》,《中央财经大学学报》2006 年第 9 期。

[79] 魏洪亮:《新公共服务理论的超越与困惑》,法律图书馆网站收藏。(http://www.law-lib.com/lw/lw_view.asp?no=7803)

[80] 吴忠斌:《农村公共政策形成机制》,中国农业出版社 2005 年版。

[81] 吴瑞君等:《上海人口分布于公共服务及资源配置问题研究》,《上海市第六次全国人口普查资料开发研究招标课题》2012 年。

[82] 项继权、袁方成:《我国基本公共服务均等化的财政投入与需求分析》,《公共行政评论》2004 年第 3 期。

[83] 徐崇波:《基于 DEA 的我国农村公共产品供给绩效评价研究》,《财政研究》2010 年第 10 期。

[84] 徐道稳:《建国以来我国社会政策的价值转变》,《中南林业科技大学学报》(社会科学版) 2008 年第 2 期。

[85] 刑国钧:《中国准公共物品的短缺与治理》,《新青年-财经报道》2007 年第 5 期。

[86] 解振华:《以建设低碳生态城市为契机推动绿色低碳发展》,《再生资源与循环经济》2011 年第 10 期。

[87] 许彬:《公共经济学导论——以公共产品为中心的一种研究》,黑龙江人民出版社 2003 年版。

[88] 叶震：《关于主观指标统计调查的几个问题》，《统计研究》1988 年第 5 期。

[89] 于树一：《公共服务均等化的理论基础探析》，《财政研究》2007 年第 7 期。

[90] 约翰·罗尔斯：《正义论》，何怀宏等译，中国社会科学出版社 2001 年版。

[91] 岳经纶、陈泽群、韩克庆：《中国社会政策》，格致出版社 2009 年版。

[92] 岳军：《公共投资与公共产品有效供给研究》，上海三联出版社 2009 年版。

[93] 俞可平：《中国公民社会：概念、分类与制度环境》，《中国社会科学》2006 年第 1 期。

[94] 闫小培、林初升：《第三世界城市化：西方城市化过程的重现》，《人文地理》1994 年第 2 期。

[95] 曾晓东、周惠：《城市幼儿园教育体制改革问题的提出及改革建议》，《幼儿教育》（教育科学）2009 年第 3 期。

[96] ［美］詹姆斯·M. 布坎南：《公共物品的需求与供给》，马珺译，上海人民出版社 2009 年版。

[97] 张海丽：《城市公共产品有效供给的偏好显示机制研究》，博士论文，西北大学，2008 年。

[98] 张旭：《“医疗卫生”最受关注“保障性住房”满意度最低——16 城市公共服务满意度大调查》，《小康》2011 年第 3 期。

[99] 张雪浚：《住房商品化与中国城市阶层空间分布的重构》，《理论与现代化》2005 年第 2 期。

[100] 赵越、刘朝杰：《医院床位配置根据产出的调整》，《中国医院管理》2007 年第 27 期。

[101] ［美］珍妮特·V. 登哈特著，《新公共服务：服务，而不是掌舵者》，方兴、丁煌译，中国人民大学出版社 2010 年版。

[102] 郑兵云：《多指标面板数据的剧烈分析及其应用》，《数理统计与管理》2008 年第 2 期。

[103] 中共中央编译局：《法国学者博瓦耶论社会公正和经济效益的关

系》,《国外理论动态》1995 年第 5 期。

[104] 中国（海南）改革发展研究院：《基本公共服务与中国人类发展》，中国经济出版社 2008 年版。

[105] 中国社科院：《2010 年人均 GDP 接近 4000 美元新阶段呈现六个特征》，《中国集体经济》2000 年第 1 期。

[106] 中国科学院可持续发展战略研究组：《2012 中国新型城市化报告》。（http：//finance. people. com. cn/n/2012/1102/c70846 – 19477425. html）

[107] 周志清：《城郊结合区域公共服务设施配置的理论思考》，《上海城市规划》2008 年第 2 期。

[108] 庄晓钟：《试论社会再生产过程中生产与消费的关系》，《中国经济问题》1981 年第 6 期。

[109] 周毅、李京文：《城市化发展阶段、规律和模式及趋势》，《经济与管理研究》2009 年第 12 期。

[110] 周毅：《现代文明进程中的城市化理论》，《特区理论与实践》2003 年第 11 期。

英文参考文献：

[1] Alain Guengant, Jean Michel Josselin, Yvon Rocaboy, "Effects of Club Size in the Provision of Public Goods – Network and Congestion Effects in the Case of the French Municipalities ", *Regional Science*, Vol. 88, 2002.

[2] Bergstorm Theodore, Goodman Robert, "Private Demand for Public Goods", *American Economic Review*, No. 6, 1973.

[3] Bigman D. , Revelle C, "The Theory of Welfare Considerations in Public Facility Location Problems", *Geographical Analysis*, Vol. 10, 1978.

[4] Craig. S. C. , "The Impace of Congestion on Local Public Good Production", *Journal of Public Economics*, Vol. 33, 1987.

[5] Emily Talen, "Neighborhoods as Service Providers: A Methodology for Evaluating Pedestrian Access", *Environment and Planning B: Planning and Design*, Vol. 30, 2003.

[6] H. Hori, "Revealed Preference for Public Goods", *The American Eco-*

nomic Review, Vol. 65, No. 5, 1975.

[7] Hansmann H, "Ownership of the Firm and Organization", *Journal of Law*, Vol. 4, No. 2, 1988.

[8] Johnston R. J., *Dictionary of Human Gepgraphy Third Edition*, Oxford Basil Blackwell, 1994.

[9] King C., Stivers C., *Government is US: Public Administration in an Anti – Government Era*, CA: Sage Publications, 1998.

[10] Knox P. L., "The Interurban Ecology of Primacy Medical Care – Patterns of Accessibility and Their Policy Implication", *Environment and Planning*, No. 1, 1978.

[11] Ko Wan Tsou, Yu Ting Hung, Yao Lin Chang, "An Accessibility – Based Integrated Measure of Relative Spatial Equity in Urban Public Facilities", *Cities*, No. 6, 2005.

[12] E Lindahl, *Just taxation – A Positive Solution*, in R. A. Musgrave and A. T. Peacock (eds.), London: Macmillan, 1958.

[13] Lineberry R. L,, Welch R. E., "Who Gets What: Measuring the Distribution of Urban Public Services", *Social Science Quarterly*, Vol. 54, 1974.

[14] Liu Hongyu, Li Jian, GeYunxian, "Design of Customer Satisfaction Measurement Index System of EMS Service", *Journal of China Universities of Posts and Telecommunications*, No. 1, 2006.

[15] Paul. A. Samuerlson, "The Pure Theory of Public Expenditures", *The Review of Economics and Statistces*, Vol. 36, No. 4, 1954.

[16] Rbubinfld, Shapiro, Robert, "Tiebout Bias and the Demand For Local Public Schooling", *Review of Economics and Statistics*, Vol. 69, No. 3, 1987.

[17] Rich R C. Neglected, "Issues in the Study of Urban Service Distribution: A Research Agenda", *Urban Studies*, Vol. 16, 1979.

[18] Robert Breuning, Y von Rocaboy, "Per – Capita Public Expenditures and Population Size: A Non – Parametric Analysis Using French", *Public Choice*, Vol. 136, 2008.

[19] S. H. HSU, "Developing an Index for Online Customer Satisfaction: Adaptation of American Customer Satisfaction Index", *Journal of Expert Systems with Applications*, No. 3, 2008.

[20] Savas E S, "On Equity in Providing Public Services", *Management Science*, Vol. 24, No. 8, 1978.

[21] Theodore C. Bergstrom, Robert P. Goodman, "Private Demands for Public Goods", *The American Economic Review*, Vol. 63, No. 3, 1973.

[22] Thomas E. Borcherding, Robert T. Deacon, "The Demand for The Services of Non – Federal Governments", *The American Economic Review*, Vol. 62, No. 5, 1972.

[23] Tiebout, "A Pure Theory of Local Expenditure", *The Journal of Political Economy*, No. 5, 1956.

[24] Tom. S. Means, Stephen L. Mehay, "Estimating the Publicness of Local Government Service: Alternative Congestion Function Specifications", *Southern Economic Journal*, Vol. 61, No. 3, 1995.

[25] Walter Santagata, Giovanmi Signorello, "Contingent Valuation and Cultral Policy Design: The Case of < Napoli Musel Aperti >", *Journal of Cultural Economics*, No. 8, 2000.

[26] Wyckoff. J. H., "The Non – Excludable Publicness of Primary and Secondary Public Education", *Journal of Public Economics*, Vol. 24, 1984.

[27] Young D, "Alternative Models of Government – Nonprofit Sector Relations: Theoretical and International Perspective", *Nonprofit and Voluntary Sector Quarterly*, Vol. 29, 2000.

附 录

"宝山区社区居民对公共服务资源的需求及满意度调查" 抽样调查方案

调查目的：本次调查的目的主要是为了了解宝山区社区居民对社区公共服务资源的利用情况及对现有公共服务资源配置的满意度。为进一步建设保障房社区基本公共服务提供依据。

调查组织：由华东师范大学人口所组织，宝山区街道镇社区具体实施。

街道镇数量：抽取三个街道镇，要求见下表。

调查对象：宝山区不同类型居住社区的住户。

抽样方法：采取分层整群抽样方法确定调查居民户，按门牌号码集中抽取几个居委或村委会。

宝山区抽样调查方案抽样户数分配表

	所在街道镇	抽样户数
大型保障房社区		400
非保障房社区		400
农村社区		400
合计		1200

宝山区居民对社区公共服务的
需求及满意度调查

_____区_____街道（镇）_____
居（村）委会　　　问卷编号_____

尊敬的居民：您好！

　　为了更好地了解本地区居民对城市公共服务资源的利用情况，以及大家对社会事业发展最关心、最需要和最迫切的问题，我们组织开展了《宝山区居民对社区公共服务的需求及满意度调查》，希望能够得到您的支持和配合。我们将根据您的宝贵意见，优化和整合城市公共服务资源配置，为大型保障房社区的公共服务资源配置提供对策与建议。谢谢您的支持与配合！

宝山区人口和计划生育委员会

华东师范大学人口研究所

2012 年 6 月

　　［填写说明］

　　1. 除非有特殊说明，问卷应由户主填写。

　　2. 请在每个适合自己情况的选项○上打√，或者在_____处或方格内填上适当的内容。

_____

调查员姓名：_____　　　调查员电话：_____

访问时间：_____年_____月____日

第一部分：调查对象及其家庭基本情况

1. 请填写您本人以及您的家庭成员基本情况（请将相应的数字和文字填入方格内）

ID	A 与本人的关系	B 性别	C 出生年月	D 受教育程度	E 户口性质	F 何时从何处搬来居住	G 户口登记地	H 婚姻状况	I 健康状况	J 就业状况	K 就业地区（就业状况为"在职"者填写）	L 职业状况（就业状况为"在职"者填写）
成员序号	①本人 ②配偶 ③子女/媳婿 ④父母/岳父母/公婆 ⑤（外）祖父母 ⑥孙辈 ⑦兄弟姐妹及其配偶 ⑧其他____	①男 ②女		①未上学 ②小学 ③初中 ④高中/中专/职技校 ⑤大学专科 ⑥大学本科 ⑦研究生	①农业 ②非农业	1. 迁入时间____年 2. 迁入前的居住地：①本市区 ②本市其他区县：____区（县）③外地：____省（市）	①本街（镇）②本区其他街道（镇）③本市区（县）④外地，是否办理过居住证____	①已婚 ②未婚 ③丧偶 ④离婚 ⑤其他	①健康 ②身体残疾 ③长期患病 ④不能自理 ⑤其他	①在职 ②失业/无业 ③离退休 ④料理家务 ⑤在校学生 ⑥学龄前儿童 ⑦其他	①本区 ②外区：____区 ③不固定	①国家与社会管理者/经理人员/私营企业主 ②专业技术人员 ③办事人员 ④个体工商户 ⑤商业服务员工 ⑥产业工人 ⑦农业劳动者 ⑧无固定职业

续表

1							
2							
3							
4							
5							
6							

注：如家庭成员超过6人，可另加表填写。

2. 如果您是上海户籍，但户籍不在现居住的街道（镇），请继续回答以下问题：

1	户口所在地有住房吗？ ①有 ②没有
2	户口没有迁来的主要原因？ ①为了方便孩子在原居住地上学 ②可以享受原居住地的一些待遇和服务 ③户口不迁过来也可享受这里的服务 ④户口迁过来也没啥好处 ⑤想迁来还没办 ⑥不为什么，就是一种心理安慰 ⑦其他_____
3	您家是否在这里办了居住登记？ ①办了 ②没办 如果没办，是因为：①不知道可以办 ②感到办了也没啥好处 ③感到不办也没啥坏处 ④想办但不知道怎么办 ⑤其他_____
4	与您的原居住地相比，您认为这里的社区服务和管理： ①比原居住地好 ②不如原居住地 ③差不多 ④说不清 ⑤其他_____

第二部分：社会资源的利用情况及其满意度

学前及义务教育情况

注意：5—8 题请有学龄前或全日制学习阶段（以义务教育为主）孩子的家庭填写。

5	如果您家中有孩子正在本市接受以下某一阶段教育或托育服务，请问您孩子正在接受哪一阶段教育或托育服务？ ①0—3 岁早期教育 ②托儿所 ③幼儿园 ④小学 ⑤初中 ⑥高中/职技校 ⑦大学 ⑧其他_____ 请问您孩子就学的地点： ①本街道（镇）②本区其他街道（镇）③本区其他地点：_____区
6	请问您对该阶段的教育或托育设施和服务是否满意？ ①非常满意 ②满意 ③一般 ④不满意 ⑤非常不满意 ⑥不好说
7	（第 6 题回答"④ 不满意"或"⑤非常不满意"的人回答此题） 如果对该阶段的教育设施或很不满意，请问原因是什么（最多选三项）_____ ①距离太远 ②师资较差 ③设施不好 ④数量太少 ⑤收费太高 ⑥其他
8	对上述教育设施和服务，您或您家人最希望改善的方面是： ①增加学校数量 ②提高教育质量 ③改善教育环境 ④降低教育收费 ⑤其他_____

续表

医疗状况	
9	您觉得平时看病方便吗？ ①非常方便 ②方便 ③一般 ④不方便 ⑤非常方便 ⑥不好说
10	以可获得的最快方式（如乘交通工具或自己开车）计算，从您家到最近医疗单位需多久？ ①15分钟以内 ②15—30分钟 ③31—45分钟 ④46分钟—1小时 ⑤1小时以上
11	您或您家人身体不适需要就诊时，通常在以下哪类医疗机构内就诊？ ①社区卫生室/卫生服务站 ②社区卫生服务中心/街道（镇、乡）卫生院 ③区/县级医院 ④市级医院 ⑤私人诊所 ⑥其他（请说明）
12	选择上述单位就诊的主要原因是（最多选三项）： ①距离近 ②收费合理 ③技术水平高 ④设备条件好 ⑤药品丰富 ⑥服务态度好 ⑦定点单位 ⑧有熟人 ⑨有信赖医生 ⑩其他____
13	您或您家人是否曾经到社区卫生服务中心或街道（镇、乡）卫生院看过病？ ①是 ②否（跳答第16题）
14	你们对所在街道（镇）的社区卫生服务满意吗？ ①非常满意 ②满意 ③一般 ④不满意 ⑤非常不满意 ⑥不好说
15	（第14题回答"④不满意"或"⑤非常不满意"的人回答此题） 如果不满意，最主要的原因是什么？（最多选三项） ①距离太远 ②服务项目少 ③技术水平低 ④设备条件差 ⑤服务态度差 ⑥药品种类少 ⑦收费不合理 ⑧其他（请注明）____
16	假如您家人最希望下列医疗卫生单位在哪些方面得到改善，医药费用如何支付？ ①全部报销 ②部分报销 ③全部自己支付 ④不清楚
17	您或您家人最希望下列医疗卫生单位在哪些方面得到改善？（在表格相应单元中打√）

续表

医疗卫生单位	最希望改善的方面（每类单位限填一项）				
	①增加数量	②提高质量	③改善环境	④降低价格	⑤不需要改善
A. 社区卫生服务站					
B. 社区卫生服务中心/街道（镇、乡）卫生院					
C. 区/县级医院					
D. 市级医院					
E. 连锁药房					

养老情况

注意：18—20题请家中有60岁及以上老人的家庭填写

18	目前您家中老人在何处养老： ①家中 ②养老机构 ③其他____（请注明）
19	（第18题选择"①家中"的人回答此题）。 您家中老年人选择在家养老的主要原因是（最多选两项）： ①生活能够自理 ②不愿离开家人 ③养老院床位紧张 ④无力支付养老院的费用 ⑤养老院离家太远 ⑥养老院设施太差 ⑦其他____（请注明）
20	您或您家人最希望下列养老设施在哪些方面得到改善？（在表格相应单元中打√）

续表

养老设施	最希望改善的方面（每种设施或服务限填一项）				
	①增加数量	②提高质量	③改善环境	④降低价格	⑤不需要改善
A. 养老院（福利院）					
B. 托老所					
C. 敬老院					
D. 老年护理院					
E. 老年医院					
F. 送餐服务					
G. 居家养老服务					

公共文体设施情况

21	您出去参加文体活动（包括看电影）频率大约为： ①每月 4 次或更多 ②每月 2~3 次 ③每月 1 次或更少 ④偶尔去，不确定
22	您通常在哪里参加文体活动？ ①本街道（镇）②本区其他街道（镇）③本市其他地区：_____ 区 ④从不参加
23	您一般用以下哪种方式进行体育锻炼？ ①社区健身点 ②体育馆和健身房 ③其他地点 ④从不进行锻炼

续表

24　您对目前本辖区内的文化体育设施是否满意？
　①满意　②较满意　③一般　④不太满意　⑤不满意　⑥说不清

25　您或家人最希望下列文体设施和服务在哪些方面得到改善？（在表中相应处打√）

文化体育服务和设施	最希望改善的方面（每种服务或设施限填一项）				
	①增加数量	②提高质量	③改善环境	④降低价格	⑤不需要改善
A. 体育场所					
B. 健身房					
C. 社区健身点					
D. 露天公共场所					
E. 图书馆（室）					
F. 社区文化活动中心					
G. 社区学校					
H. 影剧院（场）					

人口计生公共服务情况

26　您或您家人接受计划生育服务情况。
（如某一项"是否接受服务"一栏答"否"，直接跳到下一行填写下一项服务情况）

	是否接受过该项服务	该项服务是否收费
A. 孕检	1 是　2 否	1 全部免费　2 部分免费　3 全部收费
B. 计划生育手术	1 是　2 否	1 全部免费　2 部分免费　3 全部收费

续表

C. 避孕药具		1 全部免费 2 部分免费 3 全部收费	
D. 计划生育奖励补助	1 是 2 否	1 全部免费 2 部分免费 3 全部收费	
E. 优生优育服务	1 是 2 否	1 全部免费 2 部分免费 3 全部收费	
F. 生殖健康服务	1 是 2 否	1 全部免费 2 部分免费 3 全部收费	
G. 生育关怀服务	1 是 2 否	1 全部免费 2 部分免费 3 全部收费	
H. 宣传教育服务	1 是 2 否	1 全部免费 2 部分免费 3 全部收费	

您对目前宝山区以下人口计生服务项目是否满意?

27	A. 计生技术服务	①满意 ②较满意 ③一般 ④不大满意 ⑤不满意 ⑥说不清
	B. 优生优育服务	①满意 ②较满意 ③一般 ④不大满意 ⑤不满意 ⑥说不清
	C. 生殖健康服务	①满意 ②较满意 ③一般 ④不大满意 ⑤不满意 ⑥说不清
	D. 生育关怀服务	①满意 ②较满意 ③一般 ④不大满意 ⑤不满意 ⑥说不清
	E. 宣传教育服务	①满意 ②较满意 ③一般 ④不大满意 ⑤不满意 ⑥说不清

28 您或家人最希望改善的人口计生服务有哪些?(单选题,在表格相应单元中打√)

人口计生服务	最希望改善的方面(每种类型限填一项)				
	①增加数量	②提高质量	③改善环境	④降低价格	⑤不需要改善
A. 计生技术服务					
B. 优生优育服务					
C. 生殖健康服务					
D. 生育关怀服务					
E. 宣传教育服务					

第三部分：总体评价

29　在本街道（镇）的下列设施或服务中，您觉得哪些是最需要改善的（最需要改善的打 5 分，不需要改善的打 1 分，依次类推，不了解的为 0 分）（在表格相应单元中打√）

	5 分	4 分	3 分	2 分	1 分	0 分
①教育设施及相关方面						
②养老机构及老年服务						
③卫生医疗服务						
④娱乐和文化设施						
⑤体育场馆和设施						
⑥社区服务设施						
⑦计划生育服务设施						

第四部分：社区服务参与情况与参与意愿

30 您或您家人参与社区公共服务的情况及意愿（请具体说明）。

社区服务名称	是否参与过	参与的渠道和方式	参与的原因	是否愿意（继续）参与	希望政府为参加该项公共服务的参与者提供哪些服务
①教育咨询活动					
②环境卫生整治					
③社区帮困活动					
④老年互助服务					
⑤社会治安管理					
⑥文化娱乐服务					
⑦体育健身活动					
⑧计划生育宣传服务					
⑨其他服务：请注明					

注：表中所指社区公共服务系指由社区组织居民参与的服务活动。

31 您在本社区外参与的公共服务有哪些：

32 为了优化本区/街道（镇）的公共服务资源配置，提高社会资源的利用效率，您认为还有哪些方面需要特别重视和加强的？请给出您的宝贵意见，谢谢！

调查到此结束，感谢您的支持与配合！

后　记

　　本书《快速城市化背景下城市公共服务配置的有效性评价》，是在我博士毕业论文的基础上修改完成的。在博士几年的时间里，我一直从事城市人口变动与公共服务配置的相关研究，此书正是我博士期间研究的成果汇总。在工作一年的时间里，经过反复斟酌，最终决定将拙作修改出版，一是可以作为此前研究的一个阶段性标志；二是为今后从事相关的研究打下坚实的基础。

　　在该书出版之际，我首先要感谢导师吴瑞君，此研究的顺利完成与她的帮助不无相关。在她的启迪下，我的研究从形成框架，羽翼丰满，到逐渐成型。让我敬佩的不仅是她对待工作的认真负责，而且是游刃于工作与家庭之间的能力。如果说吴老师是我学术深入研究的指导者，那么黄晨熹老师则是我进入人口学的领路人，在他的指引下，我逐渐端正了学习态度，步入人口学的殿堂。此外，我还要感谢华东师范大学人口所的王大犇老师、桂世勋老师、朱宝树老师，复旦大学的任远、彭希哲老师，他们都曾给我的写作提出中肯的意见。

　　回忆起此书在写作之时，正值我怀胎将近九月之际，宝贝在我身体中几乎与此书同一时段孕育着。如今，宝贝都九个月了，调皮的他虽让我无可奈何，却也让我的生活越来越充实。自从他来到我们家，我们的夜生活没有了，觉睡得比以前少了，家里越来越乱了，但只要他伸开小手，紧紧搂住我的脖子，咯咯地大笑，这一切的辛苦与付出又算得了什么？他对我与日俱增的依赖，让我越来越深刻地明白生活的意义。固然，凭我一己之力是无法应对这个小坏蛋的，还要借助父母及公婆的照顾，让我在工作中毫无后顾之忧，可以安心地修改书稿。此外，儿子出世以来，老公的改变也是可圈可点，但我依然希望他能继续努力，茁壮为家里的顶梁柱。

最后，要感谢上海工程技术大学校基金对本书提供的经济赞助，感谢上海工程技术大学社会科学学院领导及同人的帮助，正是在学校及学院的帮助下，本书才得以顺利出版。

孟兆敏

2014 年 4 月 14 日

于上海工程技术大学